中央高校基本科研业务费专项资金资助项目
Fundamental Research Funds for the Central Universities

地方政府战略管理：价值、结构与过程

李宇环 著

本书综合运用比较分析、实证分析、理论构建和案例分析的研究方法，对中国地方政府战略管理的特殊性、现状、理念、结构和过程进行了系统分析和研究，初步构建了中国地方政府战略管理的创新模式。

中国财经出版传媒集团
经济科学出版社
Economic Science Press

图书在版编目（CIP）数据

地方政府战略管理：价值、结构与过程/李宇环
著 . —北京：经济科学出版社，2021.11
ISBN 978 – 7 – 5218 – 3036 – 1

Ⅰ.①地… Ⅱ.①李… Ⅲ.①地方政府 – 战略管理 –
中国 Ⅳ.①D67

中国版本图书馆 CIP 数据核字（2021）第 228529 号

责任编辑：王　娟　徐汇宽
责任校对：蒋子明
责任印制：范　艳

地方政府战略管理：价值、结构与过程
李宇环　著
经济科学出版社出版、发行　新华书店经销
社址：北京市海淀区阜成路甲 28 号　邮编：100142
总编部电话：010 – 88191217　发行部电话：010 – 88191522
网址：www.esp.com.cn
电子邮箱：esp@esp.com.cn
天猫网店：经济科学出版社旗舰店
网址：http://jjkxcbs.tmall.com
北京季蜂印刷有限公司印装
710×1000　16 开　12.25 印张　210000 字
2022 年 4 月第 1 版　2022 年 4 月第 1 次印刷
ISBN 978 – 7 – 5218 – 3036 – 1　定价：60.00 元
（图书出现印装问题，本社负责调换。电话：010 – 88191510）
（版权所有　侵权必究　打击盗版　举报热线：010 – 88191661
QQ：2242791300　营销中心电话：010 – 88191537
电子邮箱：dbts@esp.com.cn）

目 录

第一章 绪论 ... 1
- 第一节 问题的提出 ... 1
- 第二节 相关文献研究综述 ... 8
- 第三节 核心概念界定 ... 28
- 第四节 研究思路与研究方法 ... 31
- 第五节 研究创新点 ... 34

第二章 中国地方政府战略管理的特殊性分析 ... 37
- 第一节 政府与企业战略管理比较 ... 37
- 第二节 中外政府战略管理比较 ... 45
- 第三节 中国地方政府战略管理环境的特殊性 ... 52

第三章 中国地方政府战略管理的现状分析 ... 58
- 第一节 中国地方政府战略管理的评价指标与权重确定 ... 58
- 第二节 中国地方政府战略管理的灰色关联度评价 ... 65
- 第三节 中国地方政府战略管理评价的结果分析 ... 70

第四章 地方政府战略管理的价值理念 ... 76
- 第一节 政府战略管理的价值取向 ... 76
- 第二节 地方政府领导者的战略思维 ... 80
- 第三节 战略议题管理的张力观 ... 85
- 第四节 利益相关者分析的多元人性假设 ... 96

第五章 地方政府战略管理的协作治理结构 ... 101
- 第一节 地方政府战略管理的问题类型 ... 101

第二节　地方政府战略管理的外部治理结构 …………… 106
　　第三节　地方政府战略管理的内部治理结构 …………… 113
　　第四节　地方政府战略管理决策委员会 ………………… 118

第六章　地方政府战略管理的过程分析 ……………………… 121
　　第一节　战略环境分析、使命陈述与目标设置 ………… 122
　　第二节　战略制定 ………………………………………… 133
　　第三节　战略实施 ………………………………………… 145
　　第四节　战略评价 ………………………………………… 150

第七章　案例分析：北京建设世界级城市群的战略管理 …… 158
　　第一节　案例背景介绍 …………………………………… 158
　　第二节　北京建设世界级城市群的战略理念 …………… 160
　　第三节　北京建设世界级城市群的区域协同机制 ……… 163
　　第四节　北京建设世界级城市群的战略管理过程 ……… 167

第八章　研究结论与展望 ……………………………………… 174
　　第一节　主要结论 ………………………………………… 174
　　第二节　研究局限与展望 ………………………………… 177

参考文献 ………………………………………………………… 178

第一章

绪 论

党的十八届三中全会通过的《中共中央关于全面深化改革若干重大问题的决定》明确提出全面深化改革的总目标是完善和发展中国特色社会主义制度，推进国家治理体系和治理能力的现代化。现代化的治理体系和治理能力建设离不开起主导作用的政府及其工作者。基于此，本书研究的前提假设是，面临日益复杂和不确定的改革环境，地方政府要领会完成上级下达的任务、创造性地开展与环境相匹配的管理活动、以合理有效的方式实现组织使命目标、让人民满意并创造出公共价值，那么组织的领导者或管理者必须是位优秀的战略管理者，具备分析问题的战略思维和解决问题的战略管理能力。他们需要运用一套有效的管理理念、管理方法和管理程序以应对变化了的和正在变化的环境。战略管理模式是政府战略管理中存在的具有重复性和规律性的价值、结构与行为形态，是由特定的政府战略管理理念、战略管理体制和战略管理方式构成的有机体系。将复杂、抽象的政府战略管理理论进行一定的概括和简化，将琐碎、具象的政府战略管理实践进行一定的总结和提升，不仅有助于构建和发展政府战略管理的学科理论，为后续的经验研究提供理论指导，而且可以为地方政府的领导者提供战略管理的实践指南。

第一节 问题的提出

本书首先回答这样一个问题，即什么是一个好的或善治的政府？"好的政府"实际上是一个历史性的概念，不同的社会发展阶段，人们对好的政府的评价标准是存在差异的。在稳定的社会结构中，在变化缓慢的时代，尊重既有规则和过去的经验可能被认为是理想的政府管理模式；但在充满不确定性的时代，在关系错综复杂的社会环境中，控制僵化式的管理经验难以应付复杂多变的现实环境，那么强调环境变化和协作治理的战略管理模式应该成为现代政府关注的重要议题，尤其是对处于转型期的中国政府而言这一问题更为迫切。目前，我国地方政府面临的环境日趋复杂、动态和多样，加之中央与地方、政府与市场、政府与社会关系的重大变革，以及地方政府内部管理方式的重塑，引入战略思维，实施政府战略管理成为实现地方科学发展的重要途径。

一、现实背景

（一）地方政府治理面临的挑战

地方政府是一国政治制度的重要组成部分。第二次世界大战以来，地方政府在发达国家的地位越来越重要，并日益成为公众关注的焦点和各种矛盾潜在的对象。随着全球化、信息化和后工业社会的来临，地方政府的职能、角色、结构及其与市场、社会的关系已经发生或正在发生着深刻的变化。在由政府、市场与社会构成的复杂关系网中，地方政府传统的以组织内部为导向的封闭型管理模式已不再适应新的要求，面临复杂多变的外部环境，政府及其职能部门要实现组织目标，创造公共价值，亟须从常规管理转向注重环境分析、风险控制和发展变革的战略管理。

首先，20世纪60年代末至70年代初，特别是1973年的第一次石油危机过后，所有西方发达国家无一例外地出现了经济停滞、高失业和高通货膨胀并存的滞胀现象。同时，西方社会为了建立"福利国家"，每年要负担大量的转移性支出，因此造成政府严重的财政危机，人们对政府的信心受挫。其次，传统的韦伯式管理模式（Wright and Peters, 1996）不再像过去那样适用于政府组织。市场力量和社会组织的兴起，使得政府已经难以直接通过法律或其他命令式的方式来施行计划方案（盖伊·彼得斯，2001）。因此，在全能主义政府弊端和科层式官僚体制僵化等问题日益凸显的背景下，各界对政府部门改革的呼声越来越强烈，从英国开始，波及法国、德国、美国、澳大利亚、新西兰、希腊等国，开展了一场大规模的政府改革运动。改革的主要方向是借鉴私营部门及市场的经验管理公共部门。在这一背景下，20世纪80年代注重环境分析的战略管理被引入政府部门。战略管理的引入为地方政府应对当前各种治理挑战提供有效的管理方法，地方政府开始将外部环境分析引入管理活动中，将内外整体环境看作行政系统的一部分；同时更加重视来自公共权威的制约和授权；推崇"政治回应"和"责任"；注重绩效管理的"结果导向"，着眼于政策产出的实际社会效果；以可持续发展为理念，既关注当前利益，更着眼长远利益和可持续发展。

（二）地方政府在中国社会转型中的主导作用

我国改革开放的过程是一个包含政治、经济和文化等内容的整体性社会变迁进程（俞可平，2003）。在这一过程中，中国地方政府发挥着主导作用，其行为直接影响着社会转型的进程以及整体制度的改革和变迁。首先，地方政府与广大社会个体及团体直接接触，能够及时了解来自社会公众的公共需求，从而为上层决策和制度创新提供更准确的参考信息；其次，中国的转型改革是在原有制度基础上的渐进式变迁，许多改革在大面积推行前需要以地方为试点进行试验，因而地方政府扮演了中央顶层设计改革的先行者和探路者的角色。中国的许多改革都是由地方政府推动和直接参与的，农村联产承包责任制率先在安徽凤阳小岗村发起，从县委到省委顶着各项政治压力才使得这项政策在安徽推行，掀起了中国农村经济改革的序幕。改革开放之初设立的经济特区在探索外贸体制改革、土地有偿使用转让、行政体制改革、地方大部制改革等领域为全国做出了示范和表率。再其次，随着简政放权的推进和地方自主权的扩大，地方政府获得了地区经济发展的决策权和财政资源的剩余控制权，增强了其推动社会转型和进行制度创新的原始动力。在中国政府过程的实际运行中，虽然中央集中了多数财权，但是鉴于地方在治理中担负了庞杂的具体事务，中央会通过税收返还、转移支付等方式划转给地方。中国绝大多数产品的计划和配置权高度分散在各级地方政府手里，离开了地方政府对于产品生产和物质调配的计划、融资和管理，中央计划很难得到贯彻落实（周黎安，2008）。最后，从规模上来看，与其他发展中国家相比，中国的地方政府无论是在管辖人口还是在地方支出方面都具有较大的规模。与 OECD 及主要发展中国家相比，中国地方政府的支出比例要遥遥领先。图1-1和图1-2分别给出了中国与各主要发展中国家在地方支出比例方面的比较。这也充分说明地方政府在经济增长和社会发展中所扮演的重要角色。

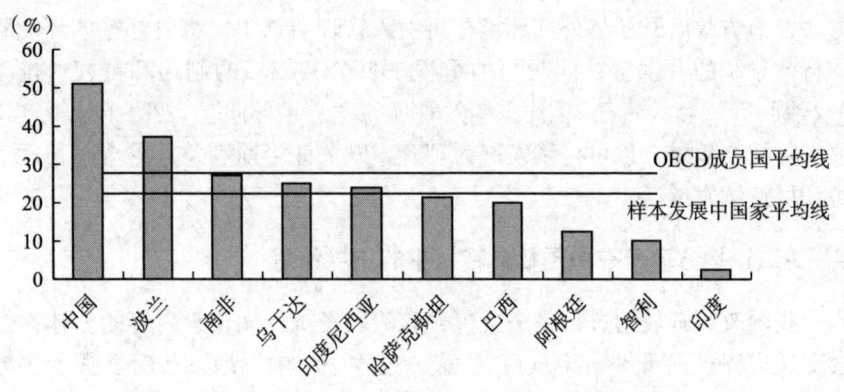

(%)
60
50
40
30 ────────────────── OECD成员国平均线
20 ────────────────── 样本发展中国家平均线
10
0
中国 波兰 南非 乌干达 印度尼西亚 哈萨克斯坦 巴西 阿根廷 智利 印度

图1-1 地方政府占总公共支出份额的比较

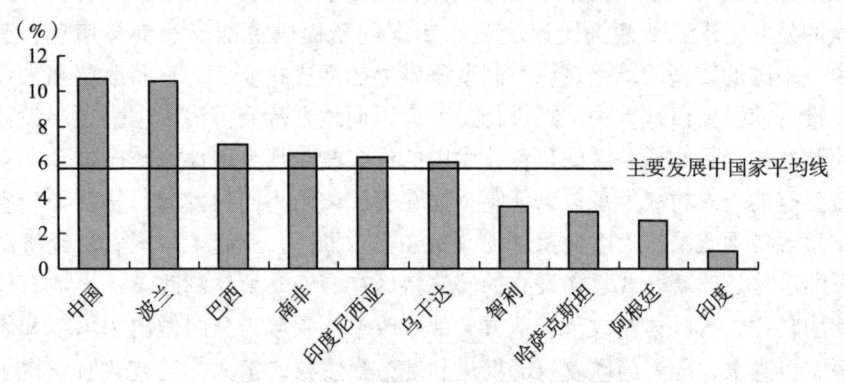

(%)
12
10
8
6 ────────────────── 主要发展中国家平均线
4
2
0
中国 波兰 巴西 南非 印度尼西亚 乌干达 智利 哈萨克斯坦 阿根廷 印度

图1-2 地方支出占国家GDP的份额

资料来源：[美]安瓦·沙：《发展中国家的地方治理》，刘亚平等译，清华大学出版社2010年版，第32~33页。

（三）将战略管理引入中国地方政府的紧迫性和必要性

处于转型期的中国地方政府，正面临着政府内部结构、政府与市场、政府与社会关系的重构和调整，治理环境面临诸多挑战。从2012年"十一"长假出台的高速公路免费通行政策，我们不难看出，处于变革压力下的政府部门正面临多重困境。2012年8月2日，为提高车辆通行效率，保障公众在重大节假日期间方便快捷出行，国家首次确定在春节、清明节、劳动节、国庆节，四个国家法定节假日期间小型客车道路通行免费。但政策出台的第一个假日就出现了覆盖全国范围的高速公路大拥堵状况，高速路网车流量倍增、车祸频发、长途客车晚点、垃圾堆积成山、加油点挤爆等一系列问题接踵而至，伴随而来的还有社会各界的不同声音：经济学家批判政府干扰市场机制、高速公路公司抱怨盈利受损、公路执法人员高强度工作、小汽车出行者无奈等待、长途客运乘客也要求享受政策优惠，等等。这些不同的声音将政府置于一种多元价值的悖论和张力场域中，似乎每种声音都有其合理性，但当将其综合考虑时，又难以取舍和选择。当面临不同的外部环境时，同一问题的解决可能会出现不同甚至相反的战略方案，正如卡斯特和罗森茨威格（Kast & Rosenzweig, 1958）所认为的那样，"在进行组织和管理时，不存在一个最好的办法。分权不一定比集权好；官僚机构也并不全坏；明确清楚的目标也不是总好；民主参与式领导风格也可能不适合某种环境。总而言之，这全取决于很多相互作用的内部和外部的变量"。类似这样的困境在政府管理的实践中已越来越凸显，如经济发展与环境保护的张力、耕地保护与城市扩张的张力、金融改革与经济安全的张力、解决就业与通货膨胀的张力等。

在这一背景下，传统的官僚制范式已不适应急剧变化的管理环境。地方政府所处的环境已不再是一个静态的、封闭的系统，这就要求它除了从内部视角关注组织分工、层级秩序和内部规范外，更要关注组织与外部环境之间的相互关系和相互影响。改革开放以来，中国先后进行了七次集中的行政管理体制改革，政府机构和人员编制不断得到精简和优化，"小政府"在理论和实践上获得了广泛的认同和支持。但机构调整在解决结构的物理整合外，地方政府仍然存在职能定位、管理取向、治理工具优化等一系列问题，面临转型期的这些现实问题和挑战亟须地方政府创新管理理念、管理体制和管理方式。

二、理论背景

（一）新公共服务、整体政府、网络治理、协作性治理等新兴研究范式的兴起

公共管理学的发展经历了由传统公共行政、新公共行政、新公共管理（薛澜等，2002）到新公共服务的范式转型[①]。新公共服务理论是在对新公共管理理论批判的基础上形成的，该理论认为公共管理者在其管理公共

---

① 研究范式的分期根据薛澜、彭宗超、张强：《公共管理与中国发展——公共管理学科发展的回顾与前瞻》，载《管理世界》2002年第2期，关于公共管理学科历史分期的基础上提出，加入了新公共服务范式。

组织和执行公共政策时应该集中于承担为公民服务和向公民放权的职责。它尤其强调要"战略的思考，民主的行动"，认为只有通过集体努力和协作的过程，才能够最有效地、负责任地将符合公共需要的政策和计划贯彻执行（登哈特，2010）。新公共服务研究范式提出了政府应由"统治型管理"向"协作治理"转变，协作治理理念强调社会治理的多元主体合作、权力运行的多元和互动性、管理过程的网络化（俞可平，2004）。在这一研究范式下，理论工作者开始重新定位政府的职能，并讨论政府职能转变后的新型政府治理形态，即如何通过政府管理创新（组织结构、管理流程、工具等方面的创新）实现转型后的政府职能，以达到良好的治理效果。在此背景下催生了关于政府战略规划和战略管理（莫尔，2003；纳特、巴可夫，2001；布赖森，2010）、协作性公共治理（阿格拉诺夫、麦圭尔，2007）、政策工具（盖伊·彼得斯，2007）、政府间关系（张紧跟，2009；李昌瑞，2012）等问题的研究。在对这些问题的探讨中，国内学者开始逐渐认识到政府战略管理的重要性，尝试从公私部门战略管理的差异、公共部门战略管理的基本理论、管理过程等方面进行探索。但现有研究大多停留在对公私战略管理差异性分析、公共部门战略管理基础理论的探讨，还未形成系统的理论体系，亟须研究者从理论、比较及实证的视角对政府战略管理的理论进行系统建构。

（二）政府战略管理本土化理论的探索

政府战略管理的发展历史较短，无论在国外还是在国内都是一门新兴学科。作为新兴学科的政府战略管理亟须在基础概念、研究对象、研究内容及研究方法等方面进行理论体系的构建。国外文献研究内容的丰富性、研究主题的渗透性、研究方法的实证性值得我们借鉴和学习，但我国的公共管理背景与国外存在较大差异，完全照搬国外已有的研究成果可能导致水土不服。第一，与西方发达国家相比，中国地方政府承担了全方位的经济社会职能，政府的活动范围除了纯粹的公共领域外，还包括大量准公共领域和非公共领域，政府组织处于整个社会体系的中心和主导位置。第二，西方发达国家的社会组织相对发达，非政府组织占公共组织的比重较大，文献研究多以较为成熟的非政府组织或第三部门为研究对象。而我国非政府组织的发展尚不完善，且与政府组织有着千丝万缕的联系，甚至附属于政府组织，这就导致我国公共组织的重要主体是政府组织，政治性色彩较国外的公共组织更加浓厚。因此，探索中国本土化的政府战略管理理论既是完善政府战略管理学科体系的需要,更是中国地方政府战略管理实践的需要。

三、研究目的与意义

全能型政府的角色定位加之复杂多变的关系网络对中国地方政府的战略管理能力提出了挑战,在这样的复杂关系网下,政府应如何确定价值使命?如何从整体和长远的角度把握组织和环境的关系?如何进行资源的开发、配置和管理?如何实现与市场、社会的合作?如何处理各利益相关者之间的关系?采取何种方式,向何种人群,提供何种服务项目?这些问题的回答呼唤战略管理在政府部门的诞生、发展和运用,更需要理论研究者系统地概括和总结适用于地方政府的战略管理模式。基于此,本书将对我国地方政府的战略管理模式进行创新研究,在国际比较和实证分析的基础上,系统阐述地方政府战略管理的理念、结构与过程。具体研究内容包括:(1)中国地方政府战略管理的特殊性分析。通过战略管理的公私比较和中外比较,总结概括政府战略管理的主要影响因素,并结合中国实际,对我国地方政府战略管理的特殊性进行具体分析。(2)在比较分析的基础上,构建我国地方政府战略管理的评价指标体系,选取省级政府为样本进行实证分析,以明确我国地方政府战略管理的现状。(3)基于国际比较和中国地方政府的现实需求,从理念、结构和过程三个方面探讨地方政府战略管理的核心内容,为地方政府的战略管理提供一个完整的框架体系。(4)选取本土化的典型案例,分析地方政府战略管理模式在现实实践中的运用,并结合实际讨论战略管理模式在实际运行中的限制和障碍。以下分别从实践意义、理论意义和学科意义三个方面阐述本书的研究价值。

(一)实践意义

为提升地方政府战略管理能力提供借鉴、指导。在全球市场化、社会化、分权化为主导的行政改革浪潮中,在中国"建设职能科学、结构优化、廉洁高效、人民满意的服务型政府"的进程中,地方政府亟须运用战略思维,制定合适的战略,运用恰当的战略管理工具实现政府的有效治理。本书研究内容有助于地方政府在职能定位的基础上,积极应对环境的动态变化,增强战略决策的科学性和执行力,提高战略管理的绩效水平,促进地方经济社会的科学发展。

(二) 理论意义

本书将从地方政府战略管理模式的角度对传统的官僚制范式提出修正，为地方政府增强战略管理能力提供一套理论工具和实践指南，包括政府战略管理的价值理念、协作治理结构以及组织在复杂环境中进行战略管理需要用到的特殊工具和方法，如议题张力管理、利益相关者分析、战略评价等管理工具。

(三) 学科意义

政府战略管理属于公共部门战略管理的一个分支领域。作为一个新的理论范式和实践模式，公共部门战略管理的理论发展还远未成熟，本书的研究动机正在于通过理论的简化和凝练提供指导实践的管理工具。首先，分析公共部门与私人部门战略环境的差异性，在此基础上结合中国转型期的历史背景和政府管理实践问题，构建本土化的政府战略管理模式，并为模式应用于实践提供相应的管理方法和管理工具，这将有助于完善政府战略管理的学科体系。

第二节 相关文献研究综述

政府战略管理是公共部门战略管理的主体和核心部分，研究政府战略管理首先需要系统梳理公共部门战略管理的相关理论。公共部门战略管理是公共管理学科的一个新兴研究领域，这一领域的兴起和发展，使得公共管理研究领域从传统公共行政学的低层和中层管理拓展到高层管理，从而提供了一个更加完整的研究公共部门管理的框架（马骏、郭巍青，2002）。然而，由于兴起的时间不长，这一研究领域呈现出分散化的研究状态，尚未形成系统的理论体系和统一的研究范式，还存在大量的理论研究的探索空间。

一、企业战略管理理论模式的研究综述

由于政府战略管理是从企业战略管理借鉴而来，因此，文献综述部分首先对企业战略管理的相关理论进行述评。明茨伯格（Mintzberg，1978）

对企业战略管理理论的发展进行了系统总结，他将自20世纪60年代以来的战略管理研究划分为十个学派，即设计学派、计划学派、定位学派、企业家学派、认知学派、学习学派、权力学派、文化学派、环境学派和结构学派。尽管明茨伯格严格区分了每个学派的差异性，然而十大学派之间并没有清晰的分界线。在此，我们对20世纪60年代以来的理论进行重新梳理，并根据各理论对战略要素提炼的差异，总结出企业战略管理研究的四种模式（如表1所示）。

表1－1　　　　　　　　　企业战略管理模式分类

理论模式	年代	代表人物及著作	主要观点与贡献	创新工具与研究方法
"环境—战略—结构"模式	20世纪60年代至70年代	塞兹尼克（Philip Selznick）《经营中的领导力》（1957）；钱德勒（Alfred D. Chandler）《战略与结构》（1962）；安德鲁斯（Andraws）《公司战略概念》（1971）；安索夫（A. I. Ansoff）《战略管理》（1979）	"战略决定结构，结构跟随战略"（钱德勒，1962）	SWOT模型规范分析、案例研究
"结构—行为—绩效"模式	20世纪80年代	波特（Michael Poter）《竞争战略》（1980）、《竞争优势》（1985）、《国家竞争力》（1990）	通过对产业结构的调整，可以改善和加强企业的相对竞争地位，获取市场竞争优势	波士顿矩阵、五力模型、价值链分析
"资源（能力）—战略—绩效"模式	20世纪80年代末至90年代	沃纳菲尔特（B. Wernerfelt）《企业资源基础论》（1984）；巴纳（Barney）《获取并保持竞争优势》（1997）；格兰特（R. M. Grant）《竞争优势的资源基础论》（1991）；普拉哈拉德（C. K. Prahalad）和哈默（Gray Hamel）《企业核心能力》（1990）	企业的独特资源或能力是保持企业持久竞争优势的关键因素	案例研究法
"创新（合作）—战略—变革"模式	20世纪90年代至今	达维多和马隆所著的《虚拟公司》（1992）；詹姆斯·莫尔（J. Moore）《竞争的衰亡》（1996）；纳尔巴夫（Nalebuf）和布兰登伯格（Brandenbuger）《合作竞争》（1996）；波特《产业集群与竞争》（1998）	在高速变化和不可预测的环境中，唯有柔性结构、灵活反应、寻求合作，不断学习和创新，才能赢得战略主动和竞争优势	

9

（一）"环境—战略—结构"模式

这一模式的主要代表人物有钱德勒、安德鲁斯、安索夫，包含了明茨伯格划分的"设计学派"和"计划学派"。该模式的核心思想是企业战略的制定要建立在对环境进行分析的基础上，组织结构要适应企业战略，并随着战略的变化而变化，即"战略决定结构，结构跟随战略"（钱德勒，1963）。

第一，该模式对环境分析的重视和强调奠定了战略管理理论发展的基础。它强调企业自身发展和外部机会对企业战略的影响，即企业与环境的关系。对此，安德鲁斯（1971）提出了至今仍被各类组织广泛运用的SWOT战略分析模型，企业要充分发挥自己优势，规避劣势，开拓利用外部环境中的机会，避免减少外部环境中的威胁，在SWOT分析的基础上制定企业的发展战略（如图1-3所示）。这一工具的最大优点是简单、直观、清晰，但也存在一些局限：其一是该模式对环境的分析和评估相对静态，即"战略的形成过程是一个概念形成过程，而不是一个学习过程"（明茨伯格等，1998）。SWOT分析是一种定性方法，对企业的优势、劣势、机会和威胁的分析仅是一种模糊的描述，是建立在讨论、评估等思

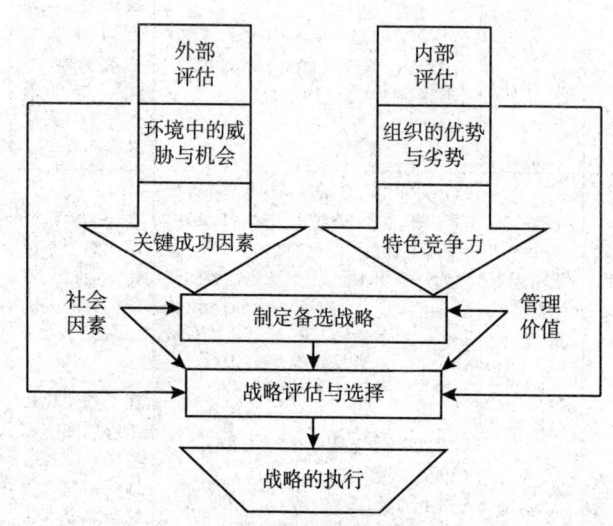

图1-3 环境对战略的影响模型

资料来源：[美]明茨伯格、阿尔斯特兰德、兰佩尔：《战略历程》，魏江译，机械工业出版社2006年版，第21页。

维活动之上的，而不是在经验和实践中获得，基于此做出的判断带有一定程度的主观臆断。其二，该模式中的战略制定与战略执行相分离，由高层经理人制订战略计划，然后通过目标、项目和预算的分解由各部门负责具体实施。这会导致没有参与战略制定的执行人员难以达成对既有战略的共识，而脱离现实实践制定的战略计划最终也将遭遇失败。

第二，钱德勒采用案例分析和比较分析的方法，通过集中考察四家大企业的公司战略与结构的范式转变，发现大企业在美国的工业部门中是按照横向合并、纵向一体化、海外扩展和多样化经营的途径展开的。据此，他认为扩张战略必须有相应的结构变化相跟随。当企业采取多样化扩张战略开始在若干不同的市场进行运营时，高层管理人员的决策环境日益多样和复杂化，必须雇佣受过专门训练的职业经理从事日常管理和运营，在这一过程中管理权和所有权的分离开始出现，多部门结构也由此出现，因此，企业战略必须先于结构，组织结构跟随战略的变化而变化。但在现实中战略必须先于结构的观点不是绝对的，战略发展与结构设计之间很难说孰先孰后，"两者既可能相互追赶，也可能齐头并进"（明茨伯格等，1998），对结构的调整是必要的，但不能仅仅因为战略的频繁变化而随意调整结构，结构与战略之间应该是相互支撑并共同作用于组织的发展。

（二）"结构—行为—绩效"模式

20世纪80年代之前的战略管理理论主要采用规范研究或说明性研究，在此之后，战略管理理论在方法论上发生了重要转折。"经济学的统计方法引入战略管理理论，一些学者开始研究公司的战略、组织等因素与公司绩效的关系"（陈宏志，2008）。战略管理的理论研究逐渐由归纳法转为演绎推理法。迈克尔·波特（1980，1985，1990）发表《竞争战略》《竞争优势》《国家竞争力》的战略三部曲，基本主导了20世纪80年代的战略管理理论。波特受产业组织理论的影响，遵循"结构—行为—绩效"的分析模式。该模式认为产业结构是决定企业盈利能力的关键因素。产业结构主要受五种作用力的影响，即新的竞争对手入侵、替代品的威胁、客户的砍价能力，供应商的砍价能力，以及现存竞争对手之间的竞争。"五种作用力的综合作用力随产业不同而不同，在五种作用力都比较理想的产业中，许多竞争者都能赚取客观的利润。而在那些一种或多种作用力形成的压力强度很大的产业中，几乎没有企业能获取满意的利润。产业的盈利能力并非取决于产品的外观或其技术含量的高低,而是取决于产业结构"(波特,1985)。在企业的产业结构并不理想的情况下,可以选择低成本或差异化战略获取竞争优势,而成本优势和差异化的获取又源于企业具有比它的对手更有效地处理五种作用力的能力。

"结构—行为—绩效"模式通过将战略制定和执行有机结合,并引入产业组织的相关理论对组织的战略管理环境进行了系统分析,为企业战略管理的实践提供了五力模型、价值链等一套分析工具,并为战略管理理论研究提供了实证分析和经验研究的典范。但该模式对企业竞争优势的讨论仅限于企业短期战略的定位,并没有从企业长期发展的战略制定和执行进行分析。但这一理论分析模式仍为资源基础理论和产业市场层面的衔接奠定了基础。

(三)"资源(能力)—战略—绩效"模式

"资源(能力)—战略—绩效"模式认为独特资源与能力是建立和保持企业持久竞争优势的关键因素。该理论模式以资源基础理论学派和核心能力学派为代表。资源基础理论受产业组织理论中的芝加哥传统影响,更多地关注企业内部的资源配置效率。资源基础理论的发展有两种不同的路径,其一是以巴尼(Barney,1991)为代表,他总结了对增强企业竞争力有促进作用的战略性资源的四个特征,即战略性资源必须是有价值的资源;必须是稀缺的资源;必须是不完全模仿的资源;必须是不完全替代的资源。另一种路径以比特罗夫(Peteraf,1993)为代表,他以动态的视角区分了四种类型的竞争战略,一是以资源异质性为核心的竞争战略;二是采取事后限制竞争的战略;三是不完全流动性的竞争战略;四是事前限制竞争的战略。其中异质性战略为基础,其他战略与其存在密切联系,四种战略的组合构成了企业获取持续竞争优势的充分必要条件。两种研究路径的差异主要表现在,巴尼侧重对战略性资源的静态分析,主要对资源和战略性资源的概念进行了剖析,而比特罗夫侧重动态分析,区分了不同的竞争战略及其结果。但两者都统一于资源的一致性和不完全流动性的基本假设。

核心能力理论从属于资源基础理论,它以对保持企业持续竞争优势起关键作用的独特能力为出发点来分析企业内部的战略问题。哈默和普拉哈拉德(1990)是核心竞争力理论的主要代表人物。他们认为企业具有的不同资源(包括知识、技术等)形成了独特的能力,而这种独特的资源或能力隐藏在企业产品的背后,不易被模仿,是企业形成竞争优势的关键。因此,企业经营战略的关键不在于优秀的产品,而是一套使企业可以创造优秀产品的独特能力。他们将核心能力看作"组织集体学习,尤其是学习如何使不同的产品技术性系统整合"的结果。企业核心竞争力可以通过向外辐射,影响和作用于其他能力。但并不是企业所有的资源都能形成核心竞争力,只有当资源、知识和能力同时达到珍贵、异质、不可模仿和难以替代的标准时,方能成为核心竞争力(Prahalald、Hamel,1990)。核心能力理论将企业的内部资源与无形知识联系起来,并着眼于企业的长期发展。但该理论尚未形成完成的理论体系,对核心竞争能力的识别方法没有给出详尽的论述。

综上所述,可以看出该模式认为企业的资源与能力的组合是影响企业绩效的关键要素,把企业看成资源的集合体,将战略目标集中在资源的特性和战略要素市场上。但该模式过分强调企业内部而忽视了企业外部环境的分析,例如,当外部市场发生技术革新的重大变化,原有的核心能力反而会成为企业发展的障碍。如风靡胶卷时代的柯达品牌,在彩色胶片业务以每年25%的速度迅速下滑时,柯达的决策者依旧将重心放在传统胶片上,面临数字化浪潮的来袭企业最终走到了辉煌的尽头。其次,该模式对资源异质性和不完全流动性的假设与现实相距太远,在信息和技术高度发达的现代社会,资源的可获取性和可模仿性已经变得越来越容易。

(四)"创新(合作)—战略—变革"模式

20世纪90年代末以来,信息技术和网络技术被广泛应用,企业面临的市场竞争环境比以往任何时期更加复杂多变,企业高层领导人在瞬息万变的社会环境中难以对前景做出准确的预测,要保持企业的持久竞争优势已变得几乎不可能,传统的战略管理理论开始变得不合时宜。这一时期,在战略管理领域,虚拟组织理论、合作竞争理论、产业集群理论等相继产生。虚拟经营战略将环境看作高度变化和不可预测的,主张企业只保留核心业务,将低附加值和企业不擅长的业务外包,通过灵活反应、柔性结构和持续创新来赢得竞争优势。但业务外包又衍生出了外包方和承包方之间的合作沟通等问题,如何建立有效的战略联盟成为虚拟组织面临的关键问题。1996年,美国学者莫尔出版《竞争的衰亡》,书中提出了企业生态系统观,认为社会中的企业共处于一个有机系统中,企业间应加强相互合作。纳尔巴夫和布兰登伯格（1996）也提出了合作竞争（Co-petition）的新理念。以上理论及其之后出现的产业集群理论都强调在知识信息时代，合作在企业经营战略中的重要性。传统企业战略管理理论对竞争的过分强调已与时代的新变化不相适应。合作竞争理念的提出为企业战略管理理论注入了新的思想。除了强调创新与合作外，该模式还致力于战略变革的实现。布朗与艾森哈特（Brown & Eisenhardt, 2001）在《边缘竞争》一书中阐明了战略变革的重要性，他们认为领导变革是战略变革的前奏，同时也认同设计学派关于组织结构对战略的支撑作用，认为战略变革的实现需要与之相适应的组织结构支持，或者是固定式结构或者是松散式结构。"创新（合作）—战略—变革"模式更适应快速变化的时代环境，竞争越是激烈，环境越是复杂，创新、合作和变革也就越成为企业保持竞争优势的首要和必要选择。该模式的提出进一步丰富了战略管理的理论，创新和创造性活动成为了企业战略管理面对新环境的新重点，它同时也标志着战略管理理论动态化的发展趋势。但绝对动态的环境是不存在的，认清环境的同时把握管理的规律，以不变应万变才是企业的长久之策。

纵观20世纪60年代以来企业战略管理模式的发展演变，历经了对环境、结构、资源、绩效、合作、创新和变革等不同战略管理要素的关注和强调。每一种理论和模式都带有时代的烙印和特色，同时相互之间又呈现出一脉相承的联系。最新理论都是建立在前期理论的基础之上，并融合了不同流派的合理观点。随着时间的流逝和环境的变化，现有理论对现实的解释力会逐渐减弱，新的理论会应时而生。但理论之间并不存在相互替代的关系，每一种理论都是从不同的视角对战略管理主题的深入和完善。企业战略管理分析模式中对"环境""结构""资源""绩效""合作"以及"创新和变革"的论述，对政府组织战略管理的研究同样具有重要意义。政府战略管理需要在充分吸收和借鉴企业战略管理理论的基础上获取新的发展。

二、国外公共部门战略管理理论模式研究综述

国外公共部门战略管理是从战略规划理论发展而来。20世纪80年代，战略规划首先在国外公共部门得到广泛应用。伯曼和韦斯特（Berman & West, 1997）调查发现，1996年人口过5万人的美国城市中有52%的城市应用了战略规划。一项国家范围内的调查发现，到1993美国已经有近

60%的国家机构采用了战略规划,还有9%正在准备实行(Berry & Wechsler,1995)。美国的《政府绩效与结果法案》规定联邦政府部门必须进行战略规划(A. Franklin,2001)。奥尔森和伊迪(Olsen & Eadie,1982)将战略规划定义为是"一种经过规制的努力,它可以做出一些具有根本性的决定和措施,以决定和说明组织(或其他主体)到底是什么,它的责任是什么,以及为什么要做这些"。到20世纪90年代,随着环境复杂性和动荡性的加剧,专注于目标制定和编制执行方案的战略规划开始向战略管理转变。与战略规划相比,战略管理"是一种综合的过程,包括基于全局的、前瞻性分析,拟定实现宏大目标的手段,进行动态资源调动,改变组织内外部条件与内部运作,提高组织对转变中的外部环境的适应性"(周敬伟,2007)。它更加强调环境的动荡性,强调战略行动、结果导向和决策参与等(陈振明,2004)。本书对20世纪80年代以来国外公共部门战略管理领域的文献进行梳理,总结了五种公共部门战略管理的理论分析模式。

(一)莫尔模式:创造公共价值

莫尔等人提出了以"公共价值"为核心的政府战略管理理念,认为政府战略管理的终极目标是"创造公共价值"。莫尔用美国公共图书馆的案例进行了说明,即每天下午三点至六点都会有大批学生涌入图书馆,之后会恢复平静。馆员经过了解发现,这些孩子把图书馆当成了放学后的栖身之地。传统公共管理可能认为学生的涌入干扰了图书馆的正常运营,但战略管理者应该将此看作一个创造公共价值的机会,比如可以借机申请经费增加或改善服务条件,雇佣专门的职员维持学生秩序,开展专门针对学生的读书活动,或者专门为学生们开放一个新的空间安排活动。因此,公共部门的战略管理者更像是一个探索者,他可以探索、发现和创造新的公共价值,而不是仅仅固守已有的职责。从这个视角来看,公共管理者应该是一个战略家而不是一个技术工作者(莫尔,2003:20)。

对于如何实现公共价值,莫尔从三个角度展开论述,一是判断组织的工作目标是否符合公共价值的标准;二是这一目标是否能得到政治及法律方面的支持;三是从组织管理和运行的角度看,这一目标能否实现。以上三项内容构成了政府战略管理的三个维度,即使命管理、政治管理和运营管理(如图1-4所示)。"使命管理"的目的在于确保组织的目标符合"公共价值"的标准,莫尔主要通过与私人部门的使命管理进行比较,强调公共部门使命的特殊性;"政治管理"的目的在于获取政治及法律的支持,公共管理者只有提升政治价值,并将其看作实现公共价值的指南才能朝正确的方向前进(莫尔,2003)。政治管理遵循五个步骤:第一,明确管理者为什么致力于处理与直接相关当局之外的人员或组织的关系;第二,探索不同管理环境下的政治管理及其采取的管理方式;第三,列出重要利益相关者,并协调与他们的关系,制定法规,维护组织及其政策与战略;第四,明确不同利益相关者形成的强有力的联盟对战略行动的影响;第五,时刻关注政治环境的动态变化,并总结变化的规律性(莫尔,2003)。以上步骤的实施还需要借助包括倡议、政策制定管理、谈判、公开讨论与领导艺术,以及公共部门推广等政治技巧。"运营管理"则深入组织内部,探讨战略管理涉及的组织的内部管理和创新问题,运营管理遵守的五个原则是:提高单位产出的数量和质量;在保证原有产出水平的基础上降低成本;更好地识别公民需求并给予及时的反馈;提高公共部门组织运营的公平性;提高组织的回应性和持续创新能力(莫尔,2003)。

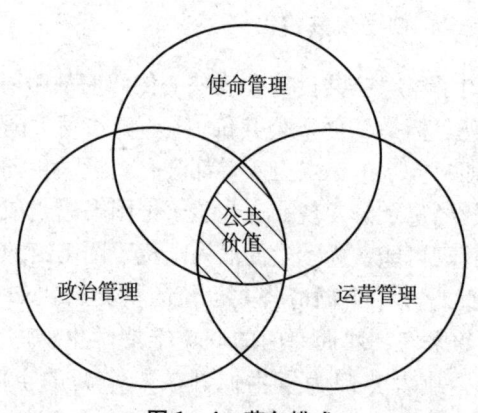

图 1 - 4 莫尔模式

莫尔围绕"创造公共价值"这一核心问题,论述了政府为何要创造公共价值,创造何种公共价值以及怎样创造公共价值。这一模式并未对政府管理的细节进行探讨,而是将重点放在政府战略管理的宏观层面,它最大的贡献在于发展了一套新的公共管理哲学,为公共部门战略管理者提供了一套分析问题的框架。但从另一方面看,莫尔并未给出使命管理、政治管理和运营管理的操作工具和分析技能,只是停留在对以公共价值为核心的管理理念的介绍层面(赵景华、李宇环,2011)。尽管这一模式为战略管理者提供了一个分析问题的基础框架,但要践行这一模式所倡导的管理理念,还需要开发和创新与之对应的管理工具和方法。

(二) 纳特—巴可夫模式:六阶段战略管理过程循环

纳特和巴可夫(Nutt & Backoff, 1992)将战略过程划分为六个阶段,包括历史背景、形势评估、问题议程、备选战略、可行性评估和战略实施。历史背景分析包括搜集描绘趋势、重大事件和方向的信息以及确定组织未来的理想;形势评估主要是搜集"SWOT"信息;问题议程阶段运用"张力分析法"扩充组织议题,对议题进行确认、组合和优先顺序排列;备选战略阶段的主要目标在于根据影响组织的重要动态因素选择可行的战略行动,从最重要的议题张力开始处理议程中存在的问题;可行性评估首先要进行利益相关者分析,其次需要评估执行战略所需的资源;战略实施阶段的主要目的是关注和应对战略可能发生的任何变化,尤其关注资源和利益相关者的管理。在理想情形下,六个阶段组成的战略管理过程是一个连续统一体,但当环境出现变化时,战略过程就出现了不同的组织循环(如图1-5所示)。方格的最内层循环是"行动管理",战略管理小组在阶段四、五、六之间循环,以对战略做出微调,并启动战略实施方法;议

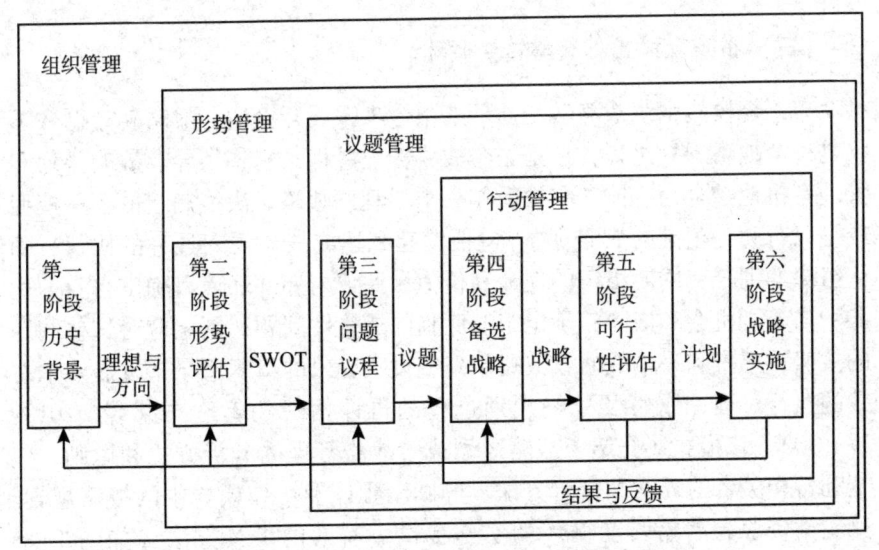

图1-5 纳特—巴可夫六阶段战略管理过程循环

资料来源:[美]保罗·纳特,罗伯特·巴可夫:《公共和第三部门的战略管理:领导手册》,陈振明译,中国人民大学出版社2001年版。

题管理的循环需要对问题议程进行检讨和修正,这一循环的关键在于议程的揭示和发现;若循环过程包括对SWOT的检讨,则会产生形势管理;组织管理则是为了确定战略行动是否足够改变组织的方向以使组织达到其理想,这一循环的关键是发现和找到需要保持的价值观。战略管理过程的循环和调适使得持续性的战略管理成为可能,它被灵活地用于指导组织的理念和活动,使组织朝有利的方向发展。

"纳特—巴可夫模式"主要针对战略领导者最为关注的两大问题进行了重点论述,即战略内容和战略过程。战略内容涉及战略是什么的问题,包括环境分析、战略类型、推动战略行动的方法等;战略过程则涉及如何实施战略的问题,包括战略管理小组的建立、战略制定和实施的过程、战略调适以及有效的支持技术等。由此可见这一模式不仅论述了战略是如何制定和选择的,也给出了战略实施的一系列方法和工具。如针对如何识别"环境类型"和"战略类型"的问题,纳特和巴可夫模式提出了张力分析法,根据不同的"注意力方向"和"审视方法"将影响组织张力的要素分为"公平""转变""保存"和"生产力",四种要素两两组合形成六种张力类型,每种张力都可以通过剩余两个要素充当调节器进行调和。张力分析法为公共部门战略管理提供了一个全面审视环境的有效框架。

(三)布莱森模式:战略转变循环

布莱森模式围绕战略转变循环的十个步骤展开论述,战略转变循环不仅是一个战略规划过程,还是一个战略管理过程,它将领导、战略规划和管理有机地融合为一体。它被看作一个"程序战略、决策制定的程序模型或是以行为为基础的战略观",包括发起和达成战略规划过程的协议;确认组织的训令;阐明组织的使命和价值;评估内外部环境以确定自身的优势、劣势、机会和威胁;确定组织面临的战略性问题;制定应对这些问题的战略;审查和采纳战略或战略规划;设立有效的组织愿景;发展一个有效的执行过程;战略及战略规划过程的再评估(约翰·布莱森,2010:27-30)。该模式还介绍了战略规划或者战略管理的分析方法和原则,包括利益相关者的界定和分析方法、椭圆图程序及协作模式中的战略规划。这三类资源为战略转变循环的实施提供了有效的工具方法(如图1-6所示)。

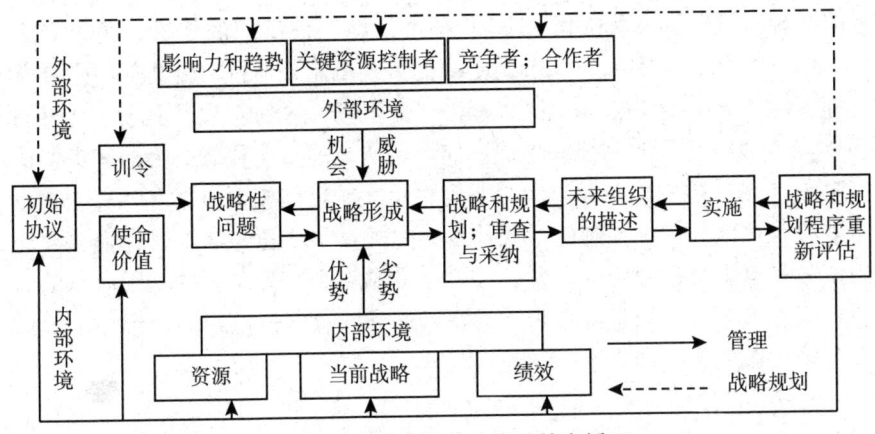

图1-6 布莱森模式的战略转变循环

资料来源：[美]布莱森：《公共与非营利组织战略规划：增强并保持组织成就的行动指南（第三版）》，孙春霞译，北京大学出版社2010年版。

"布莱森模式"提出的战略转变循环强调了战略管理的规划性质，并凸显了战略管理的管理性质。战略转变循环的每个步骤都强调贯彻行动、结果、评估和学习的重要性。从战略转变循环的内容可以看出，"布莱森模式"既强调组织效率的提高又极力实现公共价值，并提出了协作模式下的战略规划。正如作者所言，"如果组织能够完成这个战略转变循环，它就已经踏上保证和提高效率、完成使命、满足训令以及创造真正的公共价值的征途"（约翰·布莱森，2010：55）。

（四）奥斯本模式：政府战略变革的5C战略

2010年，奥斯本（David Osborne）和普拉斯特里克（Peter Plastrik）在《再造政府》一书中提出了政府组织变革的5C战略。他们将公共体制看作一个有机体，有机体的性质和状态是由其DNA决定的。改变有机体的DNA就可以导致其不同的能力与行为。基于此，他们认为在生存环境发生骤然变化时，要保证公共体制能迅速适应环境的变化，就需要改变体制的DNA。他们认为"在复杂的政府体制背后，存在着某些使公共组织制度按它们所需方式进行运作的一些根本的杠杆作用；这些杠杆作用早就存在并影响着官僚体制的思维与行为模式；唯有改变这些杠杆作用（即修改遗传密码）才能触发整个体制的变革"。奥斯本和普拉斯特里克（2010）将公共部门的DNA要素概括为体制目标、激励机制、责任机制、权力结构和组织文化五个方面，并分别对应于核心战略、后果战略、顾客

19

战略、控制战略和文化战略。(1) 核心战略明确组织的目标、角色和方向;(2) 后果战略引入以绩效为基础的激励机制,通过在公共部门中有选择地实施企业化管理、有序竞争和绩效管理,达到对雇员的激励作用;(3) 顾客战略在于明确公共组织应向谁负责,通过何种方式为顾客提供最佳服务。(4) 控制战略通过等级制度将重大的决策权下放,有时甚至将权力外移至社区,它把控制的形式从复杂的规章制度和等级命令转换成共同的使命和承担绩效责任的制度;(5) 文化战略要求变革公共组织雇员的习惯行为、思考方式和态度行为。再造者通常通过塑造组织的习惯、心灵和心智来再造文化。如表1-2所示。

表1-2　　　　　　　　　奥斯本模式的5C战略

杠杆	战略	途径
目标	核心战略(core strategy)	目标明确;角色明确;方向明确
激励	后果战略(consequences strategy)	有序竞争;企业化管理;绩效管理
责任	顾客战略(customer strategy)	顾客选择;竞争性选择;顾客质量保证
权力	控制战略(control strategy)	组织控制;雇员授权;社区授权
文化	文化战略(culture strategy)	破除习惯;撼动心灵;赢得心智

资料来源:[美] 戴维·奥斯本、彼得·普拉斯特里克:《再造政府》,谭功荣等译,中国人民大学出版社2010年版,第29页。

戴维·奥斯本(2010)还强调了五种战略之间的相互影响以及整合方式。他们认为"实践中各种战略相互交叠,一些措施使用的不止一种战略,各种战略会很自然地走到一起,几乎就像配套措施一样"。例如,他们提到在使用核心战略将掌舵和划桨区分时,也使用后果战略和控制战略来转变划桨组织的行为模式;在要求组织对顾客负责时,也要为绩效设定后果并加以控制等。针对多种战略的不同组合,他们提出了"元工具"的概念,即能够迅速发挥两种或三种战略的工具。例如,核心战略和结果战略组合的元工具为绩效预算和竞标;结果战略和顾客战略整合的元工具包括竞争性公共选择制度和代金券与补偿计划。"元工具"的提出为5C战略的应用提供了指南。

5C战略提出的背景处于新公共管理运动风靡全球的时代,以倡导绩效、成本—效能、授权、竞争及企业家精神的"政府再造"正是这场运动的主流。奥斯和普拉斯特里克（2010）对政府再造的界定是指"对公共体制和公共组织进行根本性的转型，以大幅提高组织效能、效率、适应性以及创新的能力，并通过变革组织目标、组织激励、责任机制、权力结构以及组织文化等来完成这种转型过程"。由此可以看出，5C战略是在政府由官僚体制向企业化体制转型的背景下提出的，它最终是服务于政府宏观层面全面改革的需要，为政府的战略变革提供方向和路径，而不是针对政府具象层面的战略管理。5C战略包含了导致组织根本变革的基本杠杆，适合所有类型的组织，但也正因如此，该模式并未详细论述每类战略付诸实施的具体方法和工具。

（五）尼文模式：化战略为行动的平衡计分卡

平衡计分卡首先作为一种企业绩效管理工具被大家所熟知。21世纪初，保罗·尼文（Paul R. Niven，2004）出版《政府及非营利组织平衡计分卡》一书，详细介绍了平衡计分卡在政府和非营利组织的设计和应用。之所以将平衡计分卡看作一种战略管理模式，是因为战略是平衡计分卡的核心，"平衡计分卡为组织提供了从'决定'战略到'实施'战略的框架。一个设计精良的平衡计分卡描述了战略，并通过四个维度分别选用的各种目标与指标将战略分解成各个部分"。卡普兰（Robert S. Kaplan）和诺顿（David P. Norton）1996年构思的平衡计分卡包括财务维度、顾客维度、内部业务流程维度以及员工学习与成长维度，但经历了若干年的演变和扩展后他们也认为应该把这四个维度看成"是一个模板，而不是一件紧身衣"。例如，公共部门的平衡计分卡可以把使命目标置于平衡计分卡的顶端，以强调组织正努力实现的重要社会目标；顾客维度可以根据组织所有的利益相关者进行拆分等。因此，平衡计分卡的维度选择根据描述的战略来确定，只有将各个维度结合起来以保持前后一致，才能将战略顺利转化为行动进而实现绩效目标。平衡计分卡同时也为组织提供了一个战略管理的四维框架，使战略管理者可以从全局的高度审视影响组织绩效的资源要素和驱动因素，将关键流程改进和运营计划编制作为连接点，将战略执行和运营管理有效的整合与协同起来。作为诠释平衡计分卡的战略地图为我们提供了一个的可视化的描述工具，从战略地图的框架中可以很清晰地看到平衡计分卡既是一个自上而下的设计流程，也是一个自下而上的学习流程（如图1-7所示）。从诠释使命、价值观、远景和战略开始设计平衡计分卡，并将用语言所表述的战略转化成一套清晰明确的目标和指标，而完成绩效指标和目标的过程也正是战略学习的过程。

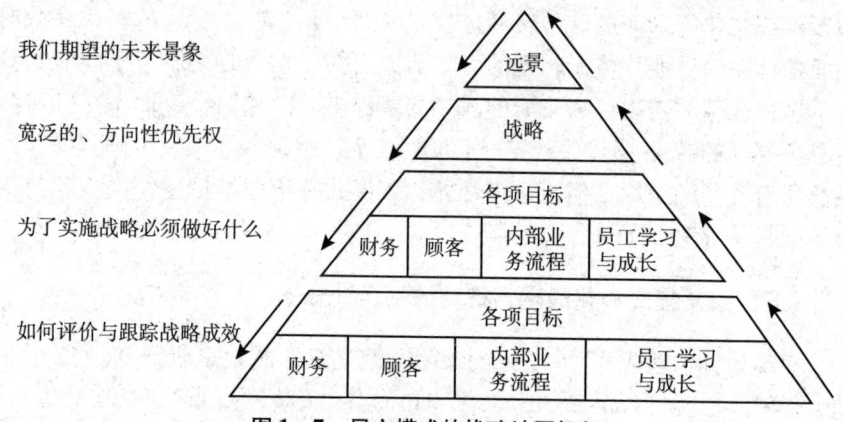

```
我们期望的未来景象          远景
宽泛的、方向性优先权         战略
                          各项目标
为了实施战略必须做好什么    财务 顾客 内部业务流程 员工学习与成长
                          各项目标
如何评价与跟踪战略成效    财务 顾客 内部业务流程 员工学习与成长
```

图1-7 尼文模式的战略地图框架

资料来源：[美]保罗·R.尼文：《政府及非营利组织平衡计分卡》，胡玉明等译，中国财政经济出版社2004年版，第159页。

由此可见，平衡计分卡不仅是一种绩效管理工具，更是一种战略管理工具。它有效地填补了传统战略管理过程中战略规划和战略实施之间的模糊地带，通过战略地图构建了一个逻辑严密、体系完整和机制健全的协同机制（方振邦、罗海元，2010），为实现战略与运营的无缝连接，将战略化为日常行动提供了一套完整的理论方法体系。但平衡计分卡毕竟首先是为以盈利为目的的企业设计的，无论是强调财务指标和非财务指标的平衡，还是眼前利益和长远利益的平衡，抑或是四个层面之间的相互驱动关系，公共部门的情况都比私人部门复杂得多。在将无形资产转化为有形成果的过程中，公共部门需要重新调整平衡计分卡的基本维度，以满足公共部门特殊的使命、愿景和战略。

通过以上对公共部门战略管理模式的总结可以看出，战略规划及战略管理在国外公共部门和第三部门中的应用已经比较广泛，并产生了一些对实践具有指导意义的方法和工具。国外在理论研究内容的丰富性、研究主题的渗透性、研究方法的实证性方面值得我们借鉴和学习。但中外在政治制度、政府职能及政府间关系等方面的差异性，使得我们不能照搬国外理论，而应根据中国政府的实际，批判性的借鉴国外相关理论成果。

三、国外地方政府战略管理研究综述

国外地方政府战略管理的研究大多集中于战略规划及具体领域的职能战略。以"Strategic Management"和"Local Government"为标题检索词，在 EBSCO 数据库中进行文献检索，共有相关文献 40 篇，剔除经济学视角和企业管理视角的研究文献，共有 14 篇与本研究主题相关，涵盖以下三个方面的研究内容。

第一，探讨地方政府战略规划的研究文献包括：辛普森（Ken. Simpson, 2010）通过案例分析得出结论，认为地方政府在战略规划过程中要充分考虑各利益相关者的参与意见，最终的战略决策应该是在专家和政治官员基于历史经验和政治权宜的基础上谨慎做出的选择，战略审议结果是专家行政人员、民选政治家与他们共同服务的社区相互妥协和作用的结果；罗伯特·莱德（Robert W. Rider, 1983）同样将地方政府战略规划和决策看作一个政治过程，将战略规划看作一个可以容纳多元中心的战略管理过程。斯坦利·加比斯（Stanley T. Gabis, 1970），杰拉尔德·戈登（Gerald. L. Gordon, 1994）等学者重点分析了战略规划在地方政府层级的运用框架，讨论了战略规划过程中的关键要素，即组织的使命；环境扫描和对未来的情况的预测；确定一段时期内的战略目标；将组织带向目标的策略和行动步骤；计划实施；绩效评估等。为地方政府官员和社会规划工作者们提供了一套战略规划的指南。

第二，地方政府战略管理面临的挑战、环境及管理过程。罗伯特·巴科夫等（Robert. Backoff et al., 1993）探讨了地方政府战略管理面临的挑战，并强调了制度和运营环境的重要性。他们认为影响地方政府战略管理的多种因素构成了复杂的环境。这些因素包括：政府的起源与存在的法律依据；政府机构的目标和服务；政府控制过程；财政与资源配置机制等。他们还强调了要考虑政治因素在地方政府战略管理中的重要性，地方政府在战略管理中要特别关注来自各区选民、公众、利益团体、政党、媒体、其他国家的政府、有影响力的民间组织、地方政府管辖的其他机构、公共雇员工会和专业协会等施加的政治压力。马丁·怀斯曼（Martin. Wiseman, 1993）探讨了美国小型地方政府的战略管理过程。战略管理要产生效力需要具备某些先决条件：首先战略管理要得到有效的执行；财务、人事、库存管理等基础设施和运营系统必须提供基本的保障；确保技术和管理的创新。制度或环境通常是实现战略管理目标过程中的障碍。制度障碍包括结构的不足，专业人员不足和内部技术的局限；环境障碍包括政府间的分歧、政治文化和目标之间的冲突等。他们认为地方政府可以通过能力建设，争取敌对利益相关者支持异己进行管理创新等举措来扫除障碍。比尔·詹金斯（Bill. Jenkins，1999）对史蒂夫·利奇和克里斯·科林（Steve Leach & Chris Collinge）的《地方政府战略规划与管理》一书进行了评述，该书不仅阐述了地方政府战略规划和管理的复兴，同时面临复杂和动态的政治、经济和社会环境的地方政府从业人员提供了实践工具和指南。

第三，地方政府具体领域的战略管理。迈克尔·奎尔（Michael Quayle，1998）、戈登·穆雷（J. Gordon Murray，2007）对英国地方政府的战略采购管理进行了研究。迈克·贝里（Mike Berry，2007）从战略性人力资源管理的视角对英国地方政府的工资和劳动力发展机构进行了调查研究，发现调查对象中有82%的英国地方政府相关机构进行了人力资源规划。麦吉尔（McGill，1988）、路易丝·克洛特（Louise Kloot，2000）、范斯莱克（Van Slyke，2008）对战略性绩效管理进行了研究，他们认为应在战略规划和绩效措施之间建立密切的联系。进而对平衡计分卡在地方政府战略管理中的应用提供了建议框架。另外，具体领域的战略管理研究还有地方政府危机战略管理（Benoy Jacob, Eric Welch, Terence Simms, 2009）、旅游、交通、卫生、公共服务等领域的战略管理（Dimitrios Buhalis, 2004; Poister, Slyke, 2002; Linda E. Swayne, 2009; Joseph Matthews, 2005）等。

四、国内公共部门战略管理研究综述

国内公共部门战略管理的研究起步较晚，21世纪初才逐渐引起学者们的关注。以中国知网数据库为样本来源，分别以"公共战略"和"政府战略"为检索词，共搜到相关文献2350篇；剔除一些与研究主题关联度低的政府文件或非学术文章，对与本研究主题相关的52篇文献进行分析。根据研究机构来统计，对公共部门战略管理的研究排在前几位的分别是厦门大学、中央财经大学、中山大学、武汉大学，其余文献都散落在不同的高校及研究机构。由此可以看出公共部门战略管理的研究还没有形成聚合力，一方面是因为公共部门战略管理的研究才刚刚起步，理论进展比较缓慢；另一方面也说明公共部门战略管理作为一门独立的学科和新的研究途径还未获得足够的重视，其研究内容还散落在公共管理的其他子领域中。进一步对文献中的关键词进行分析，可以归纳为四类研究主题（如表1-3所示）。

表1-3　　　　国内公共部门战略管理的研究主题

研究主题	关键词
基础理论与学科构建	公共战略学、公共部门战略管理特性、公共部门战略管理途径、内容分析、学科构建、理论范式、公共性、发展趋势、战略思维
战略绩效管理	平衡计分卡、绩效管理、绩效评价、绩效评估、政府绩效管理
职能战略	公共行政战略、公共领导者、公共财政、战略领导力、战略竞争、公共部门人力资源
分析方法与工具	分析模式、SOWT模型、三角模型、三维理性

（一）基础理论与学科构建

这类主题是当前公共战略管理理论研究的聚集地。在这一类中又分为四个方面：一是从公、私部门的差异分析入手，对私人战略管理的理论进行扬弃，总结了公共部门战略管理的核心理念、核心内容和核心模式。如以私人部门战略管理理论为基础，提出以群体价值观为基点、学习能力为核心、人员激励为手段的公共部门战略管理框架（冯媛媛，2011）；提出以战略环境、战略科学、战略对手、战略目标为其本质的公共部门战略管理的核心内容和理念（王振艳，2007）。另外，还有文献从公私部门的差异中总结了公共部门战略管理的过程、模式、方法（刘春雷，2010），公共部门战略管理存在的问题（吴彦，2008）以及公共部门战略管理与组织体系（杜娜，2007）等内容。二是对公共部门战略管理研究的述评。曹堂哲选取1980~2009年公共部门战略管理英文期刊、博士论文和专著，就公共部门战略管理研究的起源、内容、基本范畴、主要领域、研究焦点、研究方法等方面进行了定性分析和定量分析，概括总结出国外公共部门战略管理研究的总体特征为：研究视角的多学科性、研究主题的高度渗透性、研究范式的过程导向性和研究方法的实证性（2011）；陈振明对美国学者马克·穆尔的《创造公共价值：政府中的战略管理》进行了评述，并指出公共部门战略管理的研究途径对于我国公共部门管理尤其是政府管理职能与方式的转变,以及公共管理知识体系和课程体系的更新具有重要的参考价值(2006)。三是讨论公共战略管理的学科构建问题。赵景华和李宇环首次提出了"公共战略学"的概念范畴,从学科构建的角度分别论述了公共战略学的学科体系、研究方法及未来发展趋势(2010)。陈振明通过对公共管理与战略思维的讨论,对公共部门战略管理的学科"范式"问题进行了论述,并阐述了公共部门战略管理学科的兴起、主题和意义(2006)。四是对公共部门战略管理实践问题的理论总结。从战略管理的概念、特征出发,分析战略管理在公共部门中实施的成因和限制,并讨论了公共部门实行战略管理的必要条件及发展趋势(邓龙,2007;张岌,2006)。

(二)战略性绩效管理

战略性绩效管理逐渐成为公共部门战略管理的重要内容之一。战略性绩效管理打破传统的绩效研究"重评估,轻管理"的弊端,注重用战略管理工具对公共部门绩效进行全方位、全过程管理。方振邦和鲍春雷在总结企业战略性绩效管理理论的基础上,结合政府部门的实际情况,深入探讨了政府部门战略性绩效管理的模式、内容及特点(方振邦等,2010)。王群峰通过分析我国政府部门绩效管理的现状以及存在的问题,从绩效目标体系设计、绩效信息收集、绩效评价、绩效改进四个方面探讨了构建政府部门绩效管理模式的战略构思(王群峰,2008)。还有部分文献将平衡计分卡作为战略管理工具引入公共部门战略管理中,综合考虑公共部门的多重管理因素,探讨了政府绩效评价体系的构建(綦小广,2007;高雪莲,2006;苏曦凌和贾丹,2006)。

(三)政府职能战略

当前国内文献涉及政府职能战略的研究主要集中在公共财政和公共部门人力资源管理方面。在战略性人力资源管理研究方面,国内学者主要运用国外成熟理论讨论中国公共部门人力资源管理的实践。于常有在"战略人力资源管理在公共部门中的应用"一文中认为战略人力资源管理通过垂直和横向的整合,使人力资源管理的各项功能与组织目标达成了有机的协调,对我国加强公务员队伍建设、构建服务型政府、塑造国家竞争优势提供了有益的启示(于常有,2009)。在公共财政战略的研究方面,段国旭对公共财政战略管理研究的重要性、公共财政战略管理的研究内容及未来发展做了系统探讨。他从财政增长战略、财政支出结构整合战略、财政组织体制战略、财政控制战略、财政均衡战略、财政管理要素基因组合战略六个方面构建了公共财政战略管理的研究框架（段国旭，2003）。

（四）分析方法与工具

公共战略管理的理论、方法和工具的研究文献。围绕这一问题，国内学者主要从公共战略管理的分析模式、范式观念和模型框架进行了探索研究。其中赵景华和李宇环在总结了国外公共部门战略管理的三种模式后，提出了基于我国公共战略管理实践基础上的"V—PS"模式（赵景华、李宇环，2011）；朱国伟从三维理性范式观探讨了公共行政战略的理性精神，即公共行政战略要融合"价值—工具—事实"的三维理性，以追求公共利益为其终极价值精神（朱国伟，2010）。另外，赵景华等人从环境分析的视角构建了政府战略管理的概念框架，发展创新了政府战略管理的SWOT分析（赵景华、邢华，2010）和政府战略管理的三角模型（赵景华、李代民，2009），倡导政府管理需要战略视野，应以公共价值为核心，做好使命管理、运营管理和政治管理。何修良从战略分析、战略选择、战略实施和战略评价四个方面讨论了地方政府战略管理的模式，建议地方政府应该把握战略管理的竞争优势，不断采取先进的管理工具，建立适合自我发展的特色战略管理模式（何修良，2006）。

国内相关研究的主题总体呈现向纵深领域不断扩展和渗透的态势，但关于政府战略管理的研究，尤其是地方政府战略管理的研究还处于起步阶段，尚未形成统一的理论体系和研究范式。在中央大力强调改革的顶层设计之时，理论工作者需要借鉴和参考国外政府改革的相关理论、方法和工具，但建立在我国行政实践背景下的"知识生成"则更为重要，如果找不到现成的概念、范畴和理论，则有必要在大量的、有质量的研究基础上建构"中国的"概念、范畴与理论（何艳玲、李丹，2011）。西方发达国家的社会组织相对发达，非政府组织占公共组织的比重较大，国外战略管理的文献研究大多以较为成熟的非政府组织或第三部门为研究对象。而我国非政府组织的发展尚不完善，且与政府组织有着千丝万缕的联系，甚至附属于政府组织，这就导致我国公共部门战略管理的重要主体是政府组织，政治性色彩较国外的公共组织更加浓厚。因此，建构中国政府战略管理的模式除了要借鉴国外已有的成果外，更应该扎根于中国的土壤，建立在中国国情的基础上探寻公共组织进行战略管理的有效途径。总体来看，政府战略管理的发展还处于起步阶段，理论框架和学科体系还处于探索之中，但不论是实践需求还是理论呼唤，政府战略管理作为公共管理领域一个新的研究领域和研究途径必将受到越来越多的关注。

第三节 核心概念界定

政府战略管理是一门新兴学科，理论界对其概念界定还未达成统一共识。本节在现有文献梳理的基础上，对战略管理、地方政府战略管理及地方政府战略管理模式的概念进行界定。

一、战略与战略管理

战略一词最早起源于军事领域，并经历了一个从军事领域逐步扩展到政治领域、企业管理领域、公共管理领域的过程。在军事领域，战略主要指将军指挥军队在战争中克敌制胜的方略和艺术。在企业管理领域，美国管理学家巴纳德（Chester I. Barnard）第一次提出战略的概念，他把战略看作主要是与领导人有关的工作。在这之后钱德勒、安索夫、安德鲁斯、迈克尔·波特、约翰逊和斯科尔斯等研究战略管理的学者都从自己所建构的研究体系中给出了战略的定义（如表1－4所示）。尽管他们对战略的认识没有形成统一的意见，但从他们的论述中可以总结出对战略概念的共识，即战略与环境密切相关，战略与组织的整体和长远发展相关，战略与高层的重大决策相关，战略与获取竞争优势相关。建立在这一理解基础上，我们将战略定义为，组织为获取竞争优势而制定的与环境变化相适配的整体性、长远性指导方针。定义中的"组织"内涵一个层次性的概念，以企业为例，组织既可以指整个公司，也可以是某个业务单位，还可以是一个负责具体运营的职能部门。公司层面战略可能通过明确的或隐含的使命陈述的形式来反映公司所有者对公司的期望。业务单位战略即如何在某个特定市场上成功开展竞争。运营层面的战略即组织的各个组成部分如何有效地利用组织的资源、流程和人员来实现公司层面的战略和业务单位战略（约翰逊、斯科尔斯，2004）。

表1-4　　　　　　　　　　　　　战略概念界定

作者	对"战略"的概念界定
钱德勒	企业长期目标的决定，以及为实现这些目标所必须采纳的一系列行动和资源分配（1963：15）
安索夫	认为战略是用来指导一个组织发展过程的新的决策原则和指导方针（1988：67）
安德鲁斯	战略是确定或反映组织的目标、意图等的决策；是规定组织从事业务或服务范围的决策；是确定组织将要或想要成为何种经济或人力组织的决策；是关于组织将要为其股东或托管人、雇员、顾客和社会所做的经济或非经济贡献的决策（转引自曾峻，2006：150）
迈克尔·波特	认为制定竞争战略就是为某一企业规定一种广泛使用的程式以便指导企业如何投入竞争，应当有些什么样的竞争目标，以及在贯彻执行这些目标时需要采取什么样的方针（1997：3）
约翰逊和斯科尔斯	把战略看作一个组织长期的发展方向和范围，它通过在不断变化的环境中调整资源配置来取得竞争优势，从而是想利益相关方的期望（2004：7）
明茨伯格	在系统区分了各战略学派的观点后，他将战略总结为五种定义，即计划（plan）、模式（patter）、定位（position）、观念（perspective）和策略（policy）①（1998：8-12）

关于战略管理的定义在现有文献中也存在一定的差异，有学者将其理解为"对战略的管理"，强调战略管理的内容层面；还有的强调战略是一个包括战略制定、战略执行、战略评估和控制在内的行动过程。实际上，战略管理的内涵中既包括内容的战略管理，也包括过程的战略管理（如图1-8所示）。小阿瑟 A. 汤普森（Arthur A. Thompson Jr., 1987）给战略管理所下的定义比较全面，他认为"战略管理是个过程，在这个过程中，高层管理者确定组织的长期方向，设定特别绩效目标，根据组织相关的内外环境，制定出能达成这些目标的战略，并且卓有成效地实施这些被选定的决策方案"。这一概念首先将战略看作一个过程，在这一过程中又包括了环境、目标、决策方案和绩效在内的战略内容。战略过程的管理则

---

① 看作计划的战略指企业为了获取与组织目标以及使命相契合的经营成果而制订的高层管理计划；看作模式的战略指一种随时间推移与行为保持一致的固定模式；战略是定位，即特定产品在特定市场中的定位，如麦当劳的麦松饼在早餐市场的定位。战略是观念，指组织做事的基本方式。战略是策略，即为了智取对手或竞争者而设计的特定谋略。

重在描述战略如何形成、如何实施以及如何评价和控制;战略内容的管理旨在揭示构成和支撑组织战略的关键性和决定性因素。

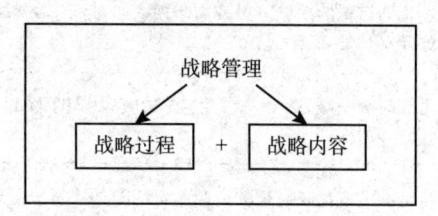

图1-8 战略管理的研究内容

二、地方政府战略管理

地方政府战略管理是公共部门战略管理的组成部分。80年代末90年代初,出现了首批论述公共部门战略管理的著作和教科书。最早的是波兹曼(Barry Bozeman)和施特劳斯曼(Jeffrey D. Straussman)1990年发表的《公共管理战略》,作者提出了战略管理途径的三个主要特征:界定目标、制订与环境相匹配的行动计划、设计有效的执行方法,同时他也强调了政治权威对战略管理的重要影响。纳特和巴可夫(2010)认为"战略管理处理这样一个关键问题,即为面临着日益增加的不确定性未来的组织定位。"莫尔强调公共组织的战略管理应以公共价值为核心,实施使命管理、政治管理和运营管理(2003)。我们将政府战略管理定义为,政府为实现公共价值,根据可能发生的环境变化,平衡各利益群体当前及未来需要而对国家整体和某一特定区域未来一段时间内所进行的全局谋划与远景选择。公共价值是政府战略管理的核心价值取向,各利益群体组成的权威网络是政府战略管理面对的重要关系主体。

我们将地方政府战略管理定义为,地方政府领导者根据外部环境与自身情况的变化,在中央政府与地方政府战略协同的基础上,合理处理政府与市场、政府与社会等主体的关系,为实现地方的科学发展而对未来的全局性谋划及实现过程。在本书中我们讨论的地方政府是指狭义上的政府,即仅包括地方行政机关。

三、地方政府战略管理模式

模式是从行为和经验中总结出来的具有实践性、重复性和规律性的价值形态、结构形态和行为形态。政府战略管理模式是政府战略管理中存在的具有重复性和规律性的价值、行为与结构形态，是由特定的政府战略管理理念、战略管理体制和战略管理方式构成的有机体系。从理念、结构和过程三个方面建构地方政府战略管理的模式，将复杂、抽象的政府战略管理理论进行一定的概括和简化，将琐碎、具象的政府战略管理实践进行一定的总结和提升，有助于构建和发展政府战略管理的中层理论。中层理论"既非日常研究中大批涌现的微观而且必要的操作性假设，也不是一个包罗一切、用以解释所有我们可观察到的社会行为、社会组织和社会变迁的一致性的自成体系的统一理论，而是指介于二者之间的理论"（默顿，1990）。中层理论的意义不仅能够为抽象的理论研究提供现实基础，而且能为来自实践的经验研究提供理论指导。

第四节 研究思路与研究方法

一、研究思路

本书基于全球地方政府治理的挑战以及中国地方科学发展的现实要求，提出中国地方政府战略管理模式创新的研究选题。主要目的是在理论比较和实证分析的基础上，从战略管理的理念、结构和过程三个方面建构中国地方政府战略管理创新模式，并选择本土化案例对这一模式在实际中的运用进行具体分析。本书的研究思路如图1-9所示。

各章安排如下，第一章绪论。第二章主要从战略管理的公私比较和中外比较，分析和总结中国地方政府战略管理的特殊性。第三章构建中国地方政府战略管理的评价指标体系，并通过层次分析法及灰色关联度综合评价法对我国31个省级政府的战略管理水平进行评价，在此基础上明确我国地方政府战略管理的现状。第四、五、六章分别从战略管理的理念、结构和过程三个方面建构中国地方政府战略管理的创新模式。战略管理理念部分首先提出政府战略管理的价值取向，在此基础上讨论地方政府领导者要具备的战略观，即系统观、国际观、历史观、科学观和创新观；然后从人性假设、张力场域、治理理念以及战略绩效一致性等方面探讨战略管理理念的具体内容。第五章首先界定地方政府战略管理的问题类型，然后针

```
┌─────────────────────┐    ┌──────────────────────────┐      ┌──────┐
│  地方政府治理的挑战  │    │中国地方政府实现科学发展的现实要求│      │文献法 │
└──────────┬──────────┘    └────────────┬─────────────┘      └──────┘
           │      ╭──────────────────────────────────╮
           └─────▶│  研究问题：当前中国地方政府战略管理应 │
                  │  具备怎样的理念、结构和过程？         │
                  ╰──────────────────────────────────╯
           ┌──────────┴──────────┐                         ┌─────────┐
           ▼                     ▼                         │比较法、  │
  ┌──────────────────┐  ┌──────────────────┐               │层次分析  │
  │Ⅰ比较研究：中国地方│  │Ⅱ实证研究：中国地方│               │法、灰色  │
  │政府战略管理的特殊性│  │政府战略管理现状分析│              │关联度综  │
  └────────┬─────────┘  └─────────┬────────┘               │合评价法  │
           └──────────┬───────────┘                        └─────────┘
                      ▼
  ┌──────────────────────────────────────────┐            ┌─────────┐
  │Ⅲ规范研究：中国地方政府战略管理模式的核心内容│            │文献法，  │
  ├──────────┬──────────────┬─────────────────┤           │访谈法，  │
  │ 价值理念 │   治理结构   │    行为过程     │            │案例分析  │
  └──────────┴──────────────┴─────────────────┘           └─────────┘
                      │
  ┌──────────────────────────┐  ┌──────────────┐          ┌─────────┐
  │Ⅳ案例分析：北京建设世界城市的│  │  访谈调查    │          │案例研究  │
  │   战略分析              │  ├──────────────┤          └─────────┘
  └──────────────────────────┘  │资料收集和分析│
                                └──────────────┘
                      ▼
              ┌──────────────────┐
              │  研究结论与展望  │
              └──────────────────┘
```

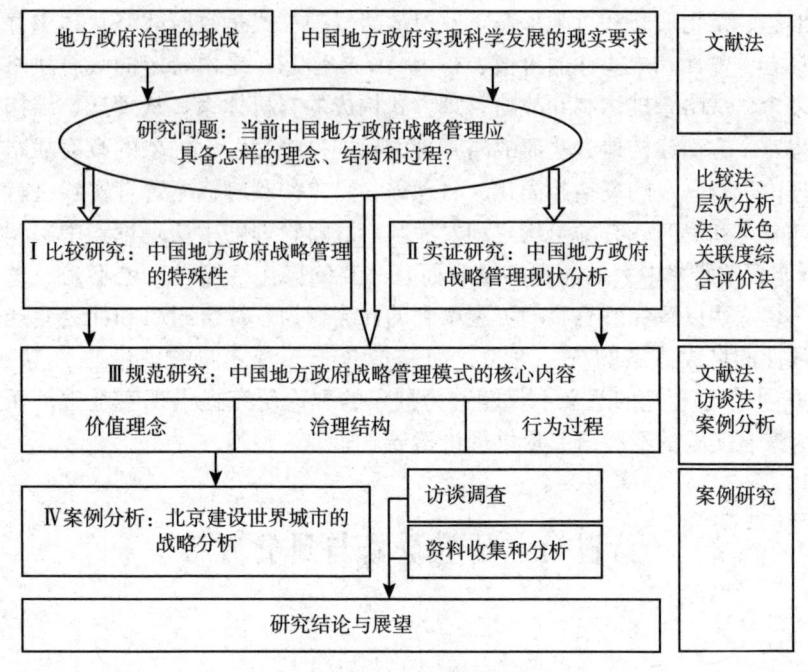

图 1-9　研究思路

对不同类型的战略管理问题分别讨论地方政府战略管理的内、外部治理结构及其决策委员会的组织机构。第六章对地方政府战略管理的过程进行阐释，尝试提出地方政府战略管理者在战略分析、战略制定、战略实施及战略评价过程中的可能用到的具体方法和工具，为战略管理实践提供实践指南。第七章选取北京建设世界级城市群的战略管理作为案例，运用以上构建的理论框架，对这一战略的管理理念、协作结构和管理过程进行具体分析。第八章为结论和研究展望。

二、研究方法

（一）文献分析法

"科学研究是许许多多相互分享研究成果的研究者，以共同体的力量来追求知识的集体努力"（Lawrence Neumann，2007）。鉴于此，我们在本书伊始将系统梳理国内外关于政府战略管理模式的相关研究，并在前人研究的基础上不断修正和完善研究的框架。在搜集文献时，尽管由于条件的限制不可能穷尽所有的相关文献，但研究中会最大限度地从宽领域、大范围的素材中进行搜寻，尽量避免采用单一原始资料的弊端。

（二）比较研究法

"不做比较的思考令人不可思议。而且，在缺乏比较下所做的科学思考与科学研究都令人匪夷所思"（Guy Swanson，2003）。本书所讨论的政府战略管理是受企业战略管理的示范影响而得到发展，因此，首先需要比较企业与政府这两类不同性质的组织在战略管理上的差异性。其次，由于中外在政治制度、发展阶段和文化传统等方面存在巨大的差异，政府战略管理模式的发展演变也一定存在不同程度的区别，这也是本书比较研究的重要内容。

（三）层次分析法

本书构建了中国地方政府战略管理的评价指标体系。通过专家调查，对两两比较后的指标重要性作出选择并打分；将专家打分情况进行统计，运用层次分析法构造准则层各指标的两两判断矩阵，分别计算准则层及子准则层的权重系数，为得出科学的评价结果提供依据。

（四）灰色关联度综合评价法

选择灰色关联度综合评价法对我国 31 个省份的战略管理水平进行评价。首先，根据指标的属性（正向指标或逆向指标）确定最优指标集；运用"Z-score"法对原始数据进行标准化处理。运用标准化后的数据计算各省份的评价指标与最佳指标的关联系数，最后用确定的各指标权重乘以关联系数计算每个层次的关联度及最终关联度，并根据各省的单项得分和综合得分，对我国地方政府的战略管理现状进行分析。

（五）案例研究法

长期以来，案例研究因为其科学性和严密性受到质疑，但案例研究在社会科学研究中起着重要的作用，它广泛运用于社会人类学、精神分析学、教育学、评估研究等领域。本书采用案例研究法的意义在于通过选择具有典型性和代表性的现实案例检验建构的理论是否与现实状况相吻合，如果吻合，则理论得到了支持；如果不吻合，则对个案进行细致分析，解释理论的预测结果为何没有发生，是理论的错误还是现实条件与理论的假设条件出现偏差。通过案例分析，进一步证实理论的现实指导意义。

第五节 研究创新点

本书立足中国地方政府管理的实践问题，对地方政府战略管理的理念、方法和工具进行本土化探索。研究对象以政府为核心，同时将政府放置于行政生态系统的关系网络中，透视政府所处的外部环境，将政府战略管理的价值理念、治理结构和行为过程有机联系起来，试图构建一种融合价值理性和工具理性的整合型、协同型政府战略管理模式，同时为实践问题的解决提供方法和工具。创新点主要有以下几个方面。

一、研究选题的前沿性

政府战略管理无论在国外还是国内都是一门新兴的前沿学科，国内相关领域的研究更为稀少，更鲜有从战略管理模式的系统视角对地方政府战略管理的理念、结构和过程进行的整体性研究。从现实情况来看，当前我国正处于体制、结构和形态转型的关键期和矛盾突发期，各项领域的改革都需要在政府的主导和制度安排下循序渐进地开展，这种政府主导型的渐进式改革模式使政府变成既是改革的推动者，又是被改革的对象。正是这个悖论使中国的改革遇到了重重困境，政府、市场、社会相互博弈，改革不断"扭秧歌"。这些改革中的现实问题向政府管理提出了挑战，如何运用战略思维、如何进行协作性治理、如何创新战略管理的方法和工具等成为了政府解决现实困境必须做出回应的问题。地方政府作为改革的直接推动者和践行者，首先要改进和完善管理的理念、结构和过程。本书正是抓住了这一现实中亟须理论指导，而理论研究又亟待跟进实践的实际需求，将地方政府战略管理的模式研究作为讨论主题，选题不仅具备理论研究的前沿性，更迎合了地方政府迫切改进管理理念和管理方法的现实需求。

二、研究的本土化探索

社会科学领域的研究通常限制于特定的时空背景，研究者更多的需要通过对具体问题个性化的发掘与阐释来透视抽象和共通的问题。就公共管理学的研究而言，如果纯粹建立在西方经验的概念和理论之上，势必无法准确回应和解答中国的现实问题。政府战略管理理论受企业战略管理的示范性影响，首先被西方国家引入公共部门，并发展出了一些具有借鉴意义的研究成果，吸收和运用这些已有成果分析中国问题固然不可或缺，但若完全运用西方理论去"裁剪"中国实际也就失去了研究的价值和意义。本书极力避免这一问题，在研究伊始就通过战略管理的公私比较和国际比较明确中国地方政府战略管理的特殊性；然后构建符合中国实际的评价指标体系，收集中国31个省份的相关数据，对中国地方政府的战略管理现状进行分析；在理论探讨中完全借用中国地方政府管理中的本土化案例，在完全中国化的背景下提出问题、分析问题、解决问题。

三、理论框架的创新

本书在梳理国内外战略管理理论的基础上，结合中国转型期的实际情况，从战略管理理念、协作治理结构和管理过程三个方面讨论和创新了我国地方政府战略管理的理论框架，在战略管理理念方面提出了战略思维的五观、议题管理的张力观和利益相关者分析的多元人假设；在协作治理结构方面，首先分析了我国地方政府的战略问题类型，然后分别讨论了不同类型的战略问题所对应的治理结构；在战略管理过程方面，提出了战略环境分析、目标制定、利益相关者评估、资源评估等多项创新工具。为地方政府领导者提供了一套系统的战略管理理论、方法和工具，也为我国政府战略管理问题研究和政府战略管理实践提供了本土化的理论分析模式。

四、基本概念和观点的创新

（一）基于"多元人"的人性假设

任何管理思想的提出和构建都离不开对人性提出假设这一基本前提。基于不同的人性假设所构建的理论大厦是截然不同的。管理学中的人性假设经历了"经济人""社会人""自我实现人"和"复杂人"的不同发展历程。然而，这些假设要么是将人性看作固化的一元特性，要么将人性看作难以把握的复杂人性。简化的一元人性假设与现实层面的实然人性偏离太远，而复杂化的人性假设用于理论分析又存在模糊不清、难以界定的问题。在此，我们提出"多元人"的人性假设，即将社会中的个体看作集理性与非理性、动物性与社会性、利己性与利他性、善性与恶性等的多元人性于一身，在特定的管理情景中，管理行为人会在与其他行为人的博弈互动中调整自己的行为取向。

（二）将战略环境看作一个张力场域

对某件事存在两个言之成理的解释，每个解释的论证都非常具有说服力，但把它们放到一起，则相互矛盾，这两个解释间的矛盾就是一个张力。政府的目标通常是多元的，对应的管理对象也是多元的，不同阶层、不同利益群体通常存在相互冲突却又言之成理的利益诉求。将政府战略管理的议题通过张力来表达，可以使政府管理者能够全面的审视环境，尽可能顾及不同群体的利益，并且可以关注到那些重要但不紧急的议题。识别张力、调节张力是政府战略管理成败的关键。

（三）可能性战略观

"世界上许多事物并不是从一开始就注定要发展成现在的样子，在事物发展的初期，它们往往有多种发展的可能性，由于条件或者纯粹机遇的关系，最终才沿着某一个特定的方向发展下去"（金观涛，2005）。可能性空间的存在使政府战略管理的环境具有了不确定性，政府最关注的不再是那些必然发生的事情，而是要预测和处理那些可能发生的事情。因此，政府在确定战略目标进行战略选择时，要尽可能全面了解面临的可能性空间，在可能性空间中选择某一确定的目标，战略实施中要时刻在事物发展的可能性空间中进行有方向的控制，确保战略朝着既定的目标发展。可能性战略观的提出为政府应对和处理不确定的环境提供了一种新的管理理念。

第二章

中国地方政府战略管理的特殊性分析

基于本土化研究的需要,在探讨中国地方政府战略管理模式之前,需要首先对其特殊性进行分析。本章将分别讨论政府与企业的差异以及中国政府与国外政府的差异,并具体分析这些差异是如何影响战略管理的内容和过程的,以此总结影响中国地方政府战略管理的静态因素。在此基础上,将中国地方政府放置于历史发展的时空环境中,具体分析其当前面临的动态环境及其对战略管理的影响。

第一节 政府与企业战略管理比较

对政府与企业的战略管理进行比较,需要首先厘清政府战略管理的影响机制和企业战略管理管理的影响机制。战略管理的影响机制是指影响组织战略管理活动的各种因素,以及这些因素之间的交互关系(于鹏,2011)。本书将从权威网络、运营方式和服务对象三个方面对政府与企业的战略管理进行比较分析(如表2-1所示)。

表2-1　　　　公私部门战略管理的比较维度

比较维度	影响因素	对政府战略管理的影响
权威网络	权力机关	权力机关对政府组织的战略进行审查和监督,并制定和批准政府组织的预算拨款数额。政府组织对其负有直接责任
	政治影响	领袖集团、各参政党、社会团体对政府的决策和行动具有重要影响。对政府组织而言,平衡不同利益群体的利益甚至比推行一项有争议的决策更加紧迫和现实

续表

比较维度	影响因素	对政府战略管理的影响
权威网络	大众媒体	媒体是连接政府和社会的有效中介，如何通过媒体向社会公开透明政府的公务信息，以及如何对媒体反映的民情民意进行积极回应，是政府战略管理者必须谨慎处理的重要问题
	部门间关系	政府战略管理者要寻求与其他相关部门间的协作与沟通，保证提供更高效、更优质、更便捷的公共服务
运营方式	目标	政府同时面对许多要实现的目标，这些目标大多非常模糊且相互冲突。公平对待每个群体的利益需求为其提供优质服务比单纯追求效率更重要
	资金来源	政府主要依靠上级的财政拨款获得收入，与市场机制是分离的，他们不用像私人组织那样考虑投入产出比，但为了获得更多的预算拨款，政府组织需要与上级保持积极地沟通和合作，政治因素而不是市场需求决定了政府的资金来源
	组织结构	政府组织基本延续官僚组织体制的结构特点，管理幅度窄，管理层次多，上下级之间有着比较明确和严格的同属关系，是典型的自上而下的金字塔结构。政府战略管理者在制定和执行战略的过程中，要处理好行政组织结构中的上下级关系，使组织在纵横结构的协调合作中共同完成战略目标
	绩效衡量	政府机关的许多业务是无法量化的，因此，政府绩效管理的许多指标可以设定为定性指标，如抱怨分析、满意水准、个案评鉴、例外报告等。政府战略管理者在对组织绩效进行衡量时应注重结果导向，关注公共价值的实现程度，而不能仅以投入产出比来评判政府的执政绩效
服务对象	公众需求	公众由于立场、价值观的差异，其需求又具有多层次性和多样性的特点。对一些争议较大的公共事项进行决策时，政府部门要在广泛听取公众意见的基础上做出决策，包括组织专家论证、行政听证、以及接受人大代表质询等
	影响范围	与私人组织相比，公共组织的影响范围更为广泛，需要处理的社会事务也更宽泛。政府战略管理者在采取行动前，要努力寻找环境中的各种趋势和信号，将那些最能反映社会广泛需求的战略议题提上议事日程
	社会责任	政府组织存在的使命是维持社会秩序，进行社会管理。政府只能在法律法规规定的范围内开展活动，即法无规定则禁止。承担社会责任是政府组织存在的合法性基础

一、公私部门间的权威网络比较

权威网络是指影响组织运行的外部关系网。企业的权威网络主要来自市场，包括供应商、现有的和潜在的竞争者以及行业协会等（如图2-1所示），企业会根据市场的供求信息和竞争形势制定战略以应对来自权威网络的各种机遇和挑战。政府则不同，它没有一个可以以收入形式向他们提供资源的市场（纳特、巴可夫，2001），主要依靠上级拨款，或依靠自己提供服务以获得补偿。政府面临的权威网络要比企业更复杂和多元，包括权力机关、政治因素、大众媒体及相关政府部门（如图2-2所示）。

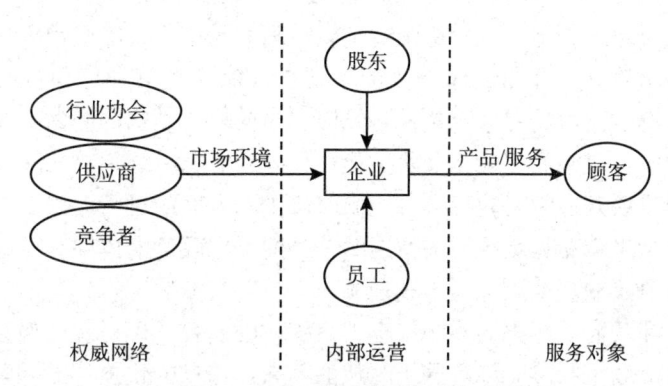

图2-1　企业战略管理影响机制

资料来源：根据于鹏：《公私部门战略管理影响机制的比较研究》，载《中国行政管理》2011年第5期相关内容改编。

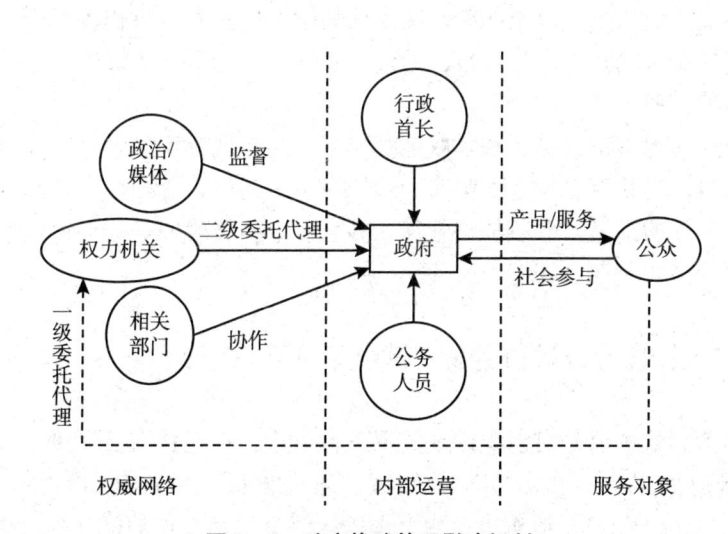

图2-2　政府战略管理影响机制

资料来源：根据于鹏：《公私部门战略管理影响机制的比较研究》，载《中国行政管理》2011年第5期相关内容改编。

权力机关受社会公众的委托，对政府组织进行监督，并审查和批准政府组织的预算拨款数额，政府对其负有直接责任。在我国，各级地方政府需要接受同级地方人民代表大会的监督，各级地方人民代表大会负责审查和批准同级政府的工作报告、地方预算和地方国民经济年度计划。地方重大战略规划和计划必须经过同级或上级人民代表大会审议后方能生效，因此，上级和同级权力机关是地方政府战略管理者需要首先考虑的关键利益相关者。

与私人组织相比，政府组织的环境空间充满了复杂的政治因素。领袖集团、各参政党、社会团体等政治因素对政府的决策和行动具有重要影响。政府行政人员的权力受到来自纵向和横向权力结构的制约。在战略管理的过程中，政治的多元化及复杂化往往导致意见不统一或相互冲突的现象，协商或谈判通常是找出各方能同时接受的方案的可行办法。对政府组织而言，当出现意见不统一的情况时，平衡不同政治群体的利益甚至比推行一项有争议的决策更加紧迫和现实。

企业和政府虽然都会受到来自大众媒体的监督，但对政府而言，媒体的放大效应会更明显。随着网络时代的到来，信息的快速传播和蔓延加剧了公共事件的放大效应，对政府战略决策形成了巨大的压力。政府战略管理者要学会如何向媒体推销想要民众知晓的消息，如何通过媒体向社会公开相关的公务信息，以及如何对媒体反映的民情民意进行积极回应。企业则只需要在法定范围内履行自己的法人职责，没有公开法律规定范围之外的信息的义务。

企业为抢占市场份额和争取更多顾客，会与现有竞争者和潜在竞争者展开竞争。而政府之间应该倾向于合作而不是竞争，否则会出现相互推诿或重复服务的困境。政府战略管理在内容上更多体现的是一种协作性的规划和管理（郑健挺，2003）。

二、公私部门间的运营方式比较

运营方式主要是对组织内部关系进行讨论。在现代企业制度下，公司治理结构采用"三权分立"的制度，即决策权、经营权和监督权分开（如图2-3a所示）。股东大会由全体股东组成，是公司的最高权力机构和最高决策机构。公司内设机构由董事会、监事会和总经理组成，分别履行公司战略决策职能、纪律监督职能和经营管理职能，在遵照职权相互制衡的前提下，客观、公正、专业地开展公司治理，对股东大会负责。政府治理结构具体体现为政府体制的选择，不同政体的国家具有不同的政府体制，在美国，立法、司法、行政三种权力相互独立、相互制衡，是典型的"三权分立"如图2-3c所示。在英国，则表现为两权分立，即行政权和司法权的分立。在法国，则是在立法、行政、司法之上有一个总统来统摄、协调三种权力。在中国，实行的是"议行合一"原则下的政治体制（如图2-3b所示），即立法权高于行政权和司法权，后两种权力由前一种权力派生出来，行政机关要向代表民意的立法机关负责，接受它的监督（曾峻，1995）。通过对企业治理结构和政府体制的比较，可以从目标、资金来源、组织结构和绩效衡量四个方面来区分政府与企业战略管理的差异。

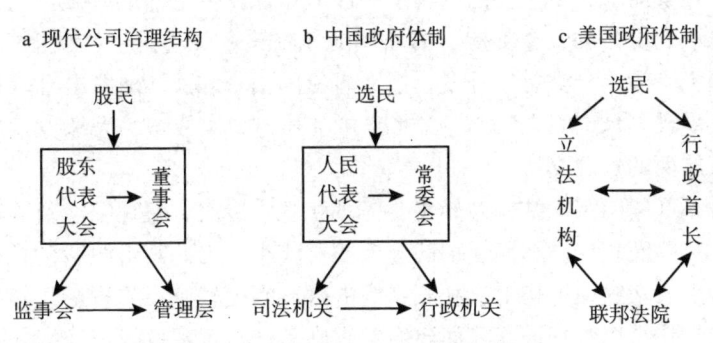

图2-3 公司治理结构与政府体制

资料来源：曾峻：《公共管理新论：体系、价值与工具》，人民出版社2006年版，第237页。

从目标来看，企业的目标相对单一明确，即追求利润最大化，实现股东收益最大化。而政府则同时面对很多目标，这些目标大多模糊且相互冲突。例如，教育部门可能同时面临以下情况：为满足人们对高等教育的需求扩大高校招生规模；由于生源的增加高校要求扩大教育支出；扩招带来的教育质量的下降难以满足企业对人才的要求，等等。在这种情形下，教育部门被置于由扩招引致的复杂关系网中，如何在目标间做出权衡而不是追求某个单一目标成为问题的焦点。如果政府同私人组织一样追求效率这一单一目标，可能会产生糟糕的结果。例如，要求交通部门讲求效率，可能会诱使其以加大罚款数额和查处违规车辆的多少为目标，而忽视了对交通秩序的维护；要求公安部门讲求效率，可能会使其专注于破案率而忽视了社会治安状况的改善，因为破获案件的数量越多可能越说明社会存在的安全隐患越多。对政府而言，公平对待每个群体的利益需求为其提供优质服务比单纯追求工作效率更重要。政府组织模糊且相互冲突的目标为其制定战略增添了困难，但确定目标无疑是政府战略管理中一个至关重要的步骤。因此，探寻确定政府组织战略目标的一种新途径和新方法是政府战略管理本土化研究的一个重要内容。

在资金来源上，政府部门和私人部门分属于两种不同的体系。私人部门通过市场体系的价格机制和竞争机制自收自支，自负盈亏；而政府则主要依靠上级的财政拨款获得收入，与市场机制是分离的，他们不用像私人组织那样考虑投入产出比，也没有动力关注效率和效果。但为了获得更多的预算拨款，政府组织需要与上级保持积极地沟通和合作，政治因素而不是市场需求决定了政府的资金来源。因此，战略管理者制定战略时，不仅要考虑现实需求，更重要的是与上一级战略保持尽可能的一致，以保证顺利地争取到更多的资金支持。例如，国务院颁发《全国主体功能区规划》要求国土空间要分类有序开发，沿海省份的山东和浙江随即出台《蓝色经济区发展规划》，被国务院先后批准并上升为国家战略，为地方发展赢取了国家层面的资源支持。

公私部门的组织结构差异主要体现在管理层次、管理幅度及其相互间关系。与政府相比，私人组织的规模相对较小，因此其组织结构具有灵活性的特点。在纵横结构上，私人组织的管理幅度较宽，管理层次较少，倾向于扁平化组织管理模式。而政府组织则基本延续官僚组织体制的结构特点，管理幅度窄，管理层次多，上下之间有着比较明确和严格的从属关系，是典型的自上而下的金字塔结构。尽管官僚组织结构遭到了不同程度的批判，戴维·奥斯本（David Osborne）和特德·盖布勒（Ted Gaebler）甚至宣布官僚主义制度的破产（2006）。但就一个国家的公共组织而言，要做到上下一致、政令畅通、避免混乱和统一行动，实行层级分明的官僚组织结构有其合理性和必然性，尤其在中国这样一个大国，上下统一的组织结构保证了集中力量办大事，完成了许多在过度分权体制下难以完成的任务。因此，政府战略管理者在制定和执行战略的过程中，要处理好行政组织结构中的上下级关系，使组织在纵横结构的协调合作中共同完成战略目标。

在绩效衡量方面，企业可以很容易地获得衡量利润率的量化指标。而对政府来说，确定绩效指标及衡量标准是一项公认的难题。政府机关的许多业务是无法量化的，绩效管理通常为容易量化的业务创造机会，却为那些无法量化的业务制造威胁。因此，政府绩效管理的许多指标可以根据业务性质，研究拟订定性指标，还可以以项目方案陈报年度绩效报告。1993年美国《绩效与结果法案》中规定每一联邦机关都应该提出"每一计划活动的相关产出、服务水准与结果"的年度绩效计划报告。但该法案也指出，绩效指标不一定要完全的量化，亦可向管理预算局要求设定"非量化"绩效指标（李允杰、丘昌泰，2008）。非量化指标主要涉及价值评判的指标，仅能以主观感受加以表示，如抱怨分析、满意水准、个案评鉴、例外报告（Osborne & Nutley，1994）。对纳税人而言，他们可能更关注这些价值评价指标，例如，"究竟政府所推动的公共政策带来了多少好处？是否让空气品质更干净了？是否让治安更好了？是否让交通更顺畅了？是否能让孩子接受更好的教育？"（李允杰、丘昌泰，2008）。政府战略管理者在对组织绩效进行衡量时应注重结果导向，关注公共价值的实现程度，而不能仅以投入产出比来评判政府的执政绩效。

三、公私部门间的服务对象比较

企业的服务对象是直接购买其产品和服务的个人或组织，而政府的服务对象则并不仅限于消费其产品和服务的人。许多研究者也会利用私人部门的概念，将公共部门的顾客定义为"使用机构所创造的产品的个人或群体"，这就相当于告诉警察或监狱长，罪犯是他们的顾客；告诉环保机构，它们所管制的企业是它们的顾客；告诉国税局，纳税人是它们的顾客，这样的混淆显然是不妥当的。对于警察和监狱来说，公众的安全比罪犯的满意要重要得多，对环保部来说，免受污染的环境比企业经理的满意要重要得多。因此，不能将私人组织的概念不加转化地移植到公共部门。戴维·奥斯本和彼得·普拉斯特里克（David Osborne & Peter Plastrik，2010）将公共部门的顾客进行了分类界定，他们认为，"公共部门的顾客包括，主要顾客，即你的工作主要用来帮助的个人或团体；次要顾客，即你的工作用来使之受益的其他个人和团体（但是不如主要顾客那么直接）；执行者，指那些应当遵守法律和规章制度者，例如，涉及国税局的纳税人；涉及发证机构的开发商，或涉及高速公路巡警队的驾驶员。但他们不是顾客。权益相关者，指在公共系统或公共组织的绩效中，有一定利益关系的个人或团体。例如，公立学校的教师，或涉及工厂安全机构的工会和企业团体。一些权益相关者可能是顾客，也可能不是"。由此可见，政府组织对其服务对象在公众需求、影响范围和承担的社会责任方面要远比私人组织更复杂。

从公众需求来看，企业只需要满足消费者的需求即可，它不需要承担过多的义务。但政府的权力来自人民，它必须对公民诚信、公平、正直、富有责任心，并及时对公民的要求做出回应。而公众由于立场、价值观的差异，其需求又具有多层次性和多样性的特点。例如，围绕北京市动物园是否搬迁的问题，社会各界展开了激烈争论，有人认为将动物园搬离市区，可以防止引发人畜间的交叉感染，减少对公共卫生的威胁；反对者则认为在动物园存在的200多年历史上，还没有发生过一起发源于动物园的公共卫生事件。还有人认为将动物放入野生环境中有利于动物的保护，而反对者则认为可以对现有环境进行改造，给动物创造一个比较舒适并符合自然的环境条件。房地产开发商和动物园迁入的县区支持搬迁，因为搬迁可以为他们带来丰厚的经济利益；而一些学者和公益组织大多反对搬迁，他们认为搬迁后会破坏城市中心的休闲景观，丧失了整体的文化价值，并给游客带来了不便。对这样一些争议较大的公共事项进行决策时，政府部门要在广泛听取公众意见的基础上做出决策，包括组织专家论证、行政听证，以及接受人大代表质询等程序，在向公众征询意见并了解了公众愿望和要求后再进行选择。而这些制度安排在私人组织中则极少存在。

从服务对象所涉及的影响范围来看，公共组织相比私人组织更为广泛，需要处理的社会事务也更宽泛（纳特、巴可夫，2010）。例如，城市管理局除了有维护市容市貌的责任外，还对城市交通、环境污染和城市规划负有一定的责任；民政局的职责涉及救灾救济、双拥优抚安置、民间组织管理、基层政权建设、城市农村居民最低生活保障、社会福利和社会事务等多个方面，而一个企业则没有处理类似问题的法定权力。在实际工作中，公共组织中的战略管理者通常很难容忍不确定性，当面临复杂环境的时候，通常为了维持暂时的稳定，会将新情况中的不明朗因素标注为议题。这种做法可能会带来灾难性后果，一方面，组织可能因此错失一些能带来极大改善的机会，削弱组织的能力；另一方面，那些没有觉察到的威胁可能损害到广泛的社会群体。因此，政府战略管理者在采取行动前，要努力寻找环境中的各种趋势和信号，将那些最能反映社会广泛需求的战略议题提上议事日程。

从承担的社会责任来看，政府也要大于企业。企业首先是作为一个经济实体而存在，只要它没有触犯法律法规，没有人要求其必须承担追求社会长远利益的义务,即法无规定则允许。企业可以自觉践行道德伦理规范,对社会进行捐款、赠送产品与服务、提供义务工作、开展慈善事业等,但这并不是企业必须承担的社会责任。政府组织则不同,政府存在的使命即是维持社会秩序,进行社会管理。政府只能在法律法规规定的范围内开展活动,即法无规定则禁止。承担社会责任是政府组织存在的合法性基础,社会契约论认为政府必须积极回应和满足公众的期望,保障人民拥有的生命、自由和财产的自然权力,否则,其统治就失去了合法性的基础。具体而言,政府应承担的社会责任包括维护国家的法律制度、保护公民的宪法权利、维护社会的公平正义等。政府战略管理者在涉及复杂的公私利益关系和人际利益关系时,要坚持公共利益至上的原则,正确履行应该承担的社会责任。

第二节 中外政府战略管理比较

中外政府因政治制度、层级政府间关系及政府职能的差异,在战略管理中面临的权威网络、利益相关者、管理方式等方面有所不同。本部分分别选取在政治体制、政府间关系和政府职能三个方面与中国存在典型差异的国家,对这些国家的政府战略管理与中国政府战略管理进行比较分析。

一、政治体制与战略管理

政治体制一般指一个国家政府的组织结构和管理体制及相关法律和制度,简称政体。在中国大陆,政体一般指国家机关之间的关系,即政权组织形式,我国的政体形式是人民代表大会制度。在现代西方大多数国家都奉行司法独立原则,司法机关相对独立于立法和行政机关。所以,政府与立法机关之间关系模式,就成了判定一国政治体制和政府模式的核心指标(卓越,2004),为此我们选择按国家元首、立法机关与行政机关的关系对政治体制进行分类的方式,即将政治体制分为内阁制、总统制、半总统制、委员会制,以下分别对这四类政体与人民代表大会制的组织原则、各机关间的关系进行比较(如表2-2所示)。

表 2-2　　　　　　　政治体制对战略管理的影响差异

政治体制	代表国家	组织原则	政府与立法机关的关系	对战略管理的影响
内阁制	英国	三权分立	强调议会至上,内阁由议会产生,对议会负责。立法与行政机关只是机构分立,而政府成员职务与议员的身份是相容的	对上获得议会的赞同,对内达成各成员间的一致,是内阁制政府战略管理的重要内部关系
总统制	美国	三权分立	总统独立于国会之外,立法与行政完全分离,政府成员(除副总统外)不得同时身为国会议员。总统只对选民负责,不对国会负责	战略管理者首先要应对的是来自选民的压力;选民是其面临的重要权威关系网络
半总统制	法国	三权分立	形式上设有两名行政首脑,即经全民投票产生的总统和经总统任命的总理。政府不对总统负责而对议会负责,总统掌握实际的统治权,不对任何机关负责,总统还有解散议会的权力	战略管理者需要同时处理来自议会、总统和选民的压力
委员会制	瑞士	议行合一	奉行议会至上原则,议会不仅有立法权,而且有行政决策权、方针决定权,是最高行政领导机关,委员会无权解散议会	委员会内部能否达成一致是影响政府战略顺利推进的关键要素
人民代表大会制	中国	议行合一	全国人民代表大会是最高国家权力机关,由它产生"一府两院"作为其派生机关,要向它负责并汇报工作,接受它的监督	重大战略事项都要经人民代表大会审查批准

内阁制政府是指产生于议会选举的内阁总揽国家行政权力并向议会负责的一种政府模式。英国、德国、意大利、日本、加拿大、澳大利亚、新西兰等国都属于内阁制政府,其中英国最为典型。在内阁制政府模式中,行使立法权的议会是最高权力机关,行使行政权的内阁由议会产生,对议会负责。首先,内阁制政府奉行"议会主权原则",体现了以议会为中心的立法与行政权力融合。议会可根据自己的判断就某些适合立法的问题制定法律,也可对政府的财政预算、决算提案行使审批权和监督权,还可通过对内阁政策的不信任案以及对政府官员行使质询权、调查权(石杰琳,2011)。其次,内阁制政体中的立法与行政机关只是机构分立,而实际上政府成员职务与议员的身份是相容的,如英国、加拿大、澳大利亚、新西

兰等国要求政府部长必须是议员。最后，内阁的决定由内阁集体做出，而不是单个人决定。在政策的制定和执行方面，由内阁全体成员向议会负责。如果下院通过对内阁政策的不信任案，内阁成员就应当集体辞职。实际上，政府首脑利用自己的政党在议会中占多数的优势而控制议会，掌握着实际的立法权，他们既在政府中负责某项行政工作，又在议会中参与立法活动，往往会出现内阁控制议会的局面（张立荣，2002）。而国家元首不掌握实权，也不负实际责任。在多数代表制的内阁制政体下，政府战略管理者面对的权威网络主要由议会构成，要想顺利实现战略，必须首先获得议会的赞同，当议会对政府的政策或政治行为许可后，政府方能继续执政。战略管理者还需要处理好内阁中各方的利益关系，因为内阁制奉行集体负责和连带责任的原则，只有内阁成员达成对外一致的建议和方案后，才能避免议会提出的不信任案。因此，对上获得议会的赞同，对内达成各成员间的一致，是内阁制政府战略管理的外部关系网络。

总统制政体是指立法权和行政权分别由国会和总统行使，国会议员的选举和总统的选举是分开进行的，总统和国会都可以声称自己是代表了拥有主权的人民，身兼国家元首和政府首脑的总统与议会之间是一种权力分立和制衡关系（卓越，2004）。美国是总统制的创始国，大部分拉美国家和部分亚非国家也采用这种政体形式。总统制政体有着严格的分权与制衡原则，总统独立于国会之外，由公民直接或间接选举产生；总统的权力和任期由宪法明文规定，而不受国会影响；即使总统有严重违宪行为，国会也只能提出弹劾，无权罢免总统。立法与行政之间完全分离，政府成员（除副总统外）不得同时身为国会议员。政府成员由总统任免，只对总统个人负政治上的责任，总统对选民负政治责任。总统制政体下，国会与总统的相互制衡，使得总统在实际行使行政权力时就不可能像在内阁制政体下顺利，会时常遭遇到来自国会诸多方面的谴责。国会的立法权、财政权、批准人事任命权、批准条约权等会给总统带来较大压力，总统提出的政策难产的可能性会大大增加。政府战略管理者一方面要应对来自选民的压力，另一方面也要处理好与国会的关系，因此，总统制政体下的政府管理者面临更加复杂的权威关系网络。

半总统制政体是一种介于总统制和内阁制政体之间的政治体制。采用这种政体的国家主要是法国、奥地利、芬兰、冰岛、葡萄牙等。半总统制政体形式上设有两名行政首脑，即经全民投票产生的总统和经总统任命的总理。前者决定大政方针，后者负责具体行政事务。政府不对总统负责而对议会负责，总统掌握实际的统治权，不对任何机关负责，总统还有解散议会的权力，在一定意义上，半总统制下的总统权力要大于总统制下的总统权力。以法国为例，半总统制下，总统选举与议会选举分开进行，有可能会出现某一大党在总统选举中获胜但在议会选举中可能败北的现象。法国政府首脑总理的产生在很大程度上来自议会内部的席位分配，一般情况下，总理是由国民议会中获相对多数选票的党的领导人来担任，因此，就有可能出现总统和总理分属于不同的政党阵营，有时由于总统和总理所代表的党派矛盾导致政府危机。政府战略管理者需要同时处理来自议会、总统和选民的压力。

委员会制政体是指国家最高行政权不是集中在国家元首或政府首脑一人手中，而是由议会产生的委员会集体行使的一种政治制度。瑞士是目前世界上唯一长期实行委员会制的国家。委员会制奉行议会至上的原则，议会不仅有立法权，而且有行政决策权、方针决定权，是最高行政领导机关，委员会无权解散议会；委员会成员的权力相当，联邦主席仅是礼仪上的国家元首，其他权力与委员会中的其他委员完全相当，在决定问题时必须至少有4名委员统一，方能生效。一切重要事务，均由委员会集体讨论，实行少数服从多数、集体负责的原则。委员会制下，政府战略管理者要处理好委员会内部各方的利益，尽可能获取更多的支持，委员会内部能否达成一致是影响战略顺利推进的关键要素。

我国由人民代表大会行使立法权，政府机关行使行政权力，法院和检察院行使司法权。国务院是作为最高国家权力机关的执行机关，由全国人民代表大会产生，对全国人民代表大会负责并报告工作，受其监督，国务院对全国人大的从属性质，充分体现了我国政权组织"议行合一"的原则。在行政机关内部实行的是首长负责制，在国家层面总理对国务院工作中的重大问题具有最后决定权，在地方则由地方行政首长行使最后决策权，行政首长对做出的决定以及他所领导的全部工作负全面责任。

二、层级间政府关系与战略管理

层级间政府关系即国家权力的纵向分配及其制度化的安排。从政府间关系上可以将国家分为单一制和联邦制两种类型。单一制国家的最高主权只能有一个单一的主体来承担，奉行主权不可分割的理论，地方政府很少或没有主权，其权力的分配方式自中央政府所在地的首都向各级地方政府呈环状逐级辐射（迈克尔·罗斯金，2001）。根据中央政府集权程度的大小及其与地方政府的不同关系，单一制又可分为中央集权型单一制和地方分权型单一制（如表2-3所示）。20世纪80年代以前的法国是典型的中央集权型单一制国家，在这种结构形势下，地方行政组织的职权范围要由中央政府以法律的形式确定，即使在有限的地方行政事务的管理中，也会受到来自中央政府的各种限制，地方政府的许多决定都要得到中央政府的批准才能生效。地方分权型单一制是指在单一制的大框架下，地方居民有权依法自主地组织本地区的政府，并在中央政府的监督下依法自主地处理本地区的事务，在某些具体的事务上，中央政府无权干涉地方政府的管理，但在立法、行政和财政三个方面中央保留对地方的控制。

在联邦制国家，联邦政府和成员单位政府由联邦宪法产生，合法主权由联邦政府与有制宪权的各个州（省）政府共享；州（省）的存在和职能是固定的，只能通过修宪才能对此做出修改。联邦制中包括"二元联邦制"和"合作联邦制"，前者的联邦政府与州政府各自在法定的权力范围内平行存在，在独立的制度体系内进行活动；后者的联邦政府与州政府合作办理纯属联邦权力范围内的事项，或者纯属州政府权力范围内的事项，或者共有权力范围内的事项。这种"合作联邦制"的显著特征就是全国决策权向联邦集中，执行事务权则向各州分散（徐有守，1972）。美国是二元联邦制的典型代表，德国是合作联邦制的典型代表。但美国的联邦制是与总统制的政府模式相结合的，横向上立法、行政与司法三权彻底分立，纵向上联邦政府与州政府的权力划分也较为清晰；而德国的联邦制是与内阁制政府模式相结合的，横向上议会与内阁"议行合一"与纵向上联邦与州"权力共享"的架构，体现了联邦政府与成员政府间的合作与依赖关系。

表2-3 层级间政府关系对战略管理的影响差异

国家类型		代表国家	中央对地方的控制	对战略管理的影响
单一制国家	中央集权型	法国	地方政府的许多决定都要得到中央政府的批准才能生效	地方政府受到中央政府的高度控制，地方政府战略管理的自主权也受到相应限制
	地方分权型	英国、日本	地方居民有权依法自主地组织本地区的政府；在某些具体的事务上，中央政府无权干涉地方政府的管理	地方政府可以充分考虑本地情况进行战略管理，较少受到来自上级的干涉

续表

国家类型		代表国家	中央对地方的控制	对战略管理的影响
联邦制国家	二元联邦制	美国	联邦政府与州政府各自在法定的权力范围内平行存在，在独立的制度体系内进行活动	地方政府受联邦政府的管制较小，控制主要来自州政府，而财政支持通常是州政府干预地方政府事务的主要手段
	合作联邦制	德国	联邦政府与成员政府间的合作与依赖关系	联邦政府与州政府之间具有多层次的协作关系，两者在大量行政事务方面具有广泛的合作
单一制		中国	地方政府的权力来自同级人大的授予，同时与上一级政府直至中央政府处于从属关系	首先要与中央和上级政府的战略保持一致，在此基础上考虑地方的特殊性

　　本书仅对中央政府与一般行政区域地方政府的关系进行讨论。我国的国家结构形式属于单一制。我国的一般行政区域地方政府设置有省政府、市政府、县政府和乡政府四级，它们具有双重隶属性和双重执行性（郑楚宣、刘绍春，2002）。即地方各级政府在从属于地方各级国家权力机关的同时，也与上一级政府直至中央政府处于从属关系，而且下一级政府的结构设置与上级政府基本一致。在职权设置方面，省级政府与市级政府的职权基本相同，大体上归纳为行政执行权、行政领导和管理权、行政制令权、行政监督权、人事行政权和行政保护权等6个方面；县级政府与省、市政府职权一样，但没有行政立法权；乡级政府可行使行政执行权、行政管理权和行政保护权（谢庆奎，2003）。在授权方式上，对一般行政区域地方政府采取中央统一立法，实行概括授权；在权限划分上，一般行政区域地方政府受制于中央政府的全面行政管理，自主权相对较小。相比于西方联邦制国家和单一制国家的政府结构形式，我国的中央政府与地方政府的制度化联系及集权的程度都要高。尽管如此，我国地方政府的权力来自同级人大的授予，而非全国人大，所以有学者把这种具有中国特色的单一制称为复合单一制。在这种具有复合色彩的单一制体系下，调整中央与地方的权力关系，不仅要考虑中央集中统一领导，也要考虑地方政府应具有的自主权限范围，调动地方的灵活性和积极性，实现权力双向互动（艾晓金，2001）。

三、政府职能与战略管理

尽管各国的政府都承担着政治统治、社会管理和经济管理的职能,但由于发展阶段、价值观念、政治文化等方面的差异,政府职能所体现的管理内容、管理范围、管理方式存在很大的不同,而这些不同主要体现为政府作为"看得见的手",对市场这只"看不见的手"的干预程度。由于西方国家在行政改革和政府职能转变过程中,经济管理职能始终是改革和调节的重心,因此本书在此重点讨论政府职能的经济管理层面。根据政府与市场的关系可以将西方各主要国家的经济管理模式划分为五种类型。按市场自由程度的高低依次分为:美国、英国的自由市场经济模式;德国社会市场经济模式;法国指导性计划模式;瑞典、芬兰福利计划型模式和日本政府主导型模式(如表2-4所示)。以上五种模式的政府经济职能在目标、范围、作用强度和方式上尽管各具特色,但通过比较可以看出,它们基本上都属于市场补缺型,即政府经济管理职能的运作都以市场经济激励作用的充分发挥为前提,只有当一些市场自身无法解决的问题如公平与效率问题、宏观经济稳定问题、垄断问题等出现时才由政府来解决(卓越,2004)。

表2-4　　　　　　政府职能对战略管理的影响差异

政府经济管理模式	代表国家	计划因素的多寡	对战略管理的影响
自由市场经济模式	美国、英国	计划作用非常有限,微观决策权完全给予企业和个人,国家只限于控制若干宏观经济目标	政府战略管理者的服务重点在于提供公共服务和产品,且大部分可以由第三部门或社会组织与政府合作完成
社会市场经济模式	德国	计划作用有限,政府主要通过协商方式影响央行的货币政策	政府职能有限,主要作为市场机制的有益补充而存在
指导性计划模式	法国	政府计划发挥重要作用,通过政府的指导性计划间接影响企业的微观决策	政府与国有企业的关系密切,战略管理需要平衡来自国家垄断资本的力量
福利计划型模式	瑞典、芬兰	政府计划发挥重要作用,生产领域中强调市场效率,分配领域中强调政府的计划指导	政府重视就业、公平分配等社会目标,建立了庞大的公共部门,国家负担较重,战略管理者需要探索更富效率的途径实现社会公平

续表

政府经济管理模式	代表国家	计划因素的多寡	对战略管理的影响
政府主导型模式	日本	计划作用大于欧美国家，经济决策权集中于政府的高级官员和企业巨头，由政府与企业共同协商决策	政府的计划及产业政策是资源优化配置的重要手段

中国政府职能转变与西方国家相比走过了截然不同的历程。1949年新中国成立之初，建立了以计划经济为基础的权力高度集中的行政体制。改革开放以来，随着经济体制改革的推进，中国的政治和社会结构也发生了深刻变革，大致经历了两次重大转折。第一次是1992年党的十四大将建立社会主义市场经济体制作为经济改革的目标，基于这一经济转型的需要，中国在政府行政体制方面也开启了侧重于"精兵简政""权力下放"的配套改革，在1998年的政府机构改革中将国务院部门由原来的60多个缩减为29个；1994年的分税制改革进一步扩大了地方管理经济社会的自主权。总之，以行政分权、财政分权为主的制度安排为经济转型提供了适应性的治理结构。但是，在世纪之交，当经济转型取得初步成效之时，社会领域中的一系列问题，如贫富差距扩大、生产事故频发、食品安全堪忧、环境污染加剧等问题开始日益凸显，出现了第二次转折，也即波兰尼所谓的"反向运动"①，反向运动的特征集中表现为保护性立法和政府干预手段的运用，这也就意味着市场力量的不断扩张客观上要求过度退出的政府职能的回归与重构。因此，行政改革要让市场真正发挥资源配置的决定性作用，同时需要加强经济性监管和社会性监管，强化维护市场秩序和培育市场的政府作用。如何在放活与监管间取得平衡是我国地方政府战略管理面临的重要挑战（薛澜、李宇环，2014）。

第三节 中国地方政府战略管理环境的特殊性

通过战略管理的公私比较和中外比较，可以了解中国地方政府战略

---

① 王绍光：《波兰尼〈大转型〉与中国的大转型》，生活·读书·新知三联书店，2012年版第12页。

管理所处的体制背景和制度环境。从一定时期来看，一国的政治体制和制度环境是相对静态的，这种制度环境已经作为一种传统的存在内化为政府管理的一部分。而对政府战略管理有实质性影响的则是制约地方政府运行和发展的动态环境。我国目前正处于向第二个百年奋斗目标迈进的关键时期，从全面建成小康社会到 2035 年基本实现现代化，国家正经历着经济结构、社会结构、文化结构的巨大转变，市场将发挥资源配置的基础性作用，以农业为基础的社会结构向以工业和服务业为主导的现代社会结构转变。在社会转型的过程中，地方政府在战略管理过程中也面临着一些亟待克服的矛盾和挑战，同时也呈现出不同于其他国家的发展特征。

一、中国社会转型的基本特征

从经济体制转型来看，经过 40 多年的改革开放，社会主义市场经济体制不断完善，党和国家对市场在资源配置中的认识也不断深化。党的十八届三中全会《决定》指出，紧紧围绕使市场在资源配置中起决定性作用深化经济体制改革。发挥市场在资源配置中的决定性作用要求我们必须进一步完善经济制度、市场规则、法律法规体系等深层次问题。同时，基于当前对中国经济进入"新常态"的判断，未来需要进一步创新改革思路，以供给侧结构性改革为主线，以新发展理念为指引，推动产业结构由中低端向中高端转换，增长动力由要素驱动向创新驱动转换，经济福祉由非均衡型向包容共享型转换，逐步探索实现经济高质量发展的途径。

从社会结构转型来看，中国当前正处于新型工业化、信息化、城镇化和农业现代化"并联式"发展的阶段，我国社会主要矛盾也已转化为人民日益增长的美好生活需要和不平衡不充分发展之间的矛盾。据统计，中国城乡人口结构从 30 年前的 10 亿多人口有 8 亿在农村转变为 13 亿多人口有 8 亿在城镇，城市化率从 1990 年的 26.44% 持续上升到 2019 年的 60.60%，[①] 未来几年还将持续增长。在此背景下中国社会结构发生了巨大的变化，有学者总结了社会结构转型的特征，如从政治分层转向经济分层、新的社会阶层出现、贫富差距的变化、中产阶层的发展等（李强，2019）。社会结构的转型，在一定程度上提升了人们的生活水平，但也产

---

① 数据来源：国家统计局网站，https://data.stats.gov.cn/easyquery.htm?cn=C01&zb=A0301&sj=2019。

生了多元复杂的利益需求，社会主要矛盾经历了从求温饱到求环保、从求生存到求生态、从先富带后富到共建共享、从高速增长到高质量发展的转变。小生产、传统社会化大生产、现代社会化大生产兼有，自然经济、半自然经济、传统商品经济、现代市场经济并存，这种差异最终体现为社会群体及阶层之间的分配差距。伴随着现代会进程的加快，中国社会也正在由"熟人社会"向"陌生人社会"①转变。

从社会价值观来看，转型期中化与西化的思潮相互冲击，人们的思想观念、信仰和行为规范也在发生着变化。转型和开放所带来的利益调整在很大程度上造成了社会成员的物质崇拜、权力崇拜和信任危机，每个人都想通过改革获取更大的利益，由此带来的矛盾、冲突及其他社会不稳定因素也逐渐增加。

二、转型期地方政府面临的突出矛盾

城乡之间发展失衡。随着改革深化，城乡之间的差距日益扩大，1978年我国城乡居民收入绝对差为209元，到2020年则达到了26703元，城乡收入比高达2.56（如图2-4所示）。发达国家的城乡收入差距一般在1.5倍左右，发展中国家为2倍左右，若倍数超过3倍以上，则收入差距过大，结构失衡。

居民贫富差距扩大，社会不稳定因素加剧。从基尼系数看，我国贫富差距正在逼近社会容忍的"红线"。近年来，随着我国经济高速发展，土地、资源、资本等生产要素发挥了巨大的财富调整力量。行业之间的收入存在巨大差距，有专家认为行业之间最高工资与最低工资相差15倍左右。不同行业、不同群体间收入落差悬殊，也铸造了人们内心的不平衡心理，这种不平衡心理的集聚会加大社会不稳定风险。在发展过程中，建筑工人、进城务工人员等群体付出的代价与获得的补偿严重不对等，由此产生的利益矛盾在一定条件下会以激化的方式表现出来。

---

① 所谓"熟人社会"，一般是按照费孝通先生提出的概念，他认为，中国传统社会是一个熟人社会，其特点是人与人之间存在的一种私人关系，人与人通过这种关系联系起来，构成一张关系网。只有在现代社会中，由于社会变迁，在越来越大的社会空间里，人们成为陌生人，由此法律才有产生的必要。只有当一个社会成为一个"陌生人社会"的时候，社会的发展才能依赖于契约和制度，人与人之间的交往才能通过制度和规则，建立起彼此的关系与信任。

图 2-4　1978~2020 年我国城乡收入比值变化

资料来源：国家统计局官方网站。

经济发展与生态环境的矛盾日益凸显。在转型发展过程中，经济发展与生态保护是一对突出的矛盾。过去几十年中国每年的高速经济增长是以高耗能、高污染换取的。《世界能源统计年鉴》显示，2010年，中国超过美国成为世界上最大的能源消费国，中国的能源消费量占全球的20.3%，超过了美国19%的占比。从经济规模来比较，中国的经济规模只是美国的1/3。然而，在地方政府的政绩考核中经济指标仍占据较大比重，对GDP的考核又被细分为总量和增幅两个指标，对于一些地处偏远、资源有限的县城，一方面由于地理位置偏僻，招商难度大，难以吸引新的经济增长点；另一方面这些地区通常缺乏工业传统，经济基础薄弱，难以应付逐年提升的目标，为此就出现了一系列畸形的经济增长方式。

地方公共安全隐患日益增加。在追求经济高速增长的背后，也引发了社会各个领域的潜在隐患。安全生产事故频发、劳资冲突不断、自然灾害事件增多、公共卫生事件频繁出现，各类安全隐患是转型期各种矛盾及体制弊端的集中体现，传统安全隐患与非传统安全隐患的相互交织对社会公众的生命和财产造成了重大损失。

三、地方政府战略管理的挑战

（一）效率与公平的价值取舍

改革开放之前，平均主义的分配方式造成了共同贫穷的问题。因此，在极端贫困的情况下，"效率优先、兼顾公平"自然成为地方政府遵循的基本原则，效率优先带来的经济发展大大提高了人们的生活水平。但随着经济的持续增长，各种问题也随之而来。如何将经济增长的蛋糕公平分配给社会成员成为比发展经济更为重要的问题。单纯的经济增长不仅难以消除不公，而且会带来贫富差距的扩大，使公平问题更加突出。追根溯源，政府的根本使命是追求社会利益和公共价值的最大化，效率不是发展的最终目的，如何在保证效率的同时实现社会的公平正义对地方政府战略管理提出了挑战。正如党的十九大报告提出的，新时代我国社会主要矛盾已经转化为人民日益增长的美好生活需要和不平衡不充分的发展之间的矛盾。

（二）民主行政与科学管理的逻辑冲突

现代行政的民主价值要求社会公众广泛参与地方政府的行政活动，这固然是一个善意的初衷。但现代民主也是需要具备一定的条件的，罗伯特·达尔（Robert A. Dahl, 2012）认为现代的市场经济和社会是有利于民主的条件之一。但我国的市场经济还不尽完善，如果地方政府在管理中完全从民主行政出发解决问题，则难免出现"集体非理性"的现象，给经济社会发展造成混乱的局面。因此，民主并不一定能产生合乎理性和科学的公共行政（麻宝斌，2005）。尽管改革开放以来我国取得了令人瞩目的发展成就，但同世界发达国家相比，我们的发展水平仍然较低，因此，今后很长一段时期内，地方政府战略管理过程中会时常遇到民主行政与科学管理如何有机统一的难题。

（三）短期与长远的利益矛盾

地方政府出于政绩的考虑，往往采取急功近利的粗放型发展方式，如不惜低价甚至无偿提供土地进行招商引资，以对资源的破坏式开发赚取经济增长，采取以邻为壑的地方保护主义等，类似于此的短期行为是以透支下一代的发展权利为代价的。当地方政府沉浸于短期发展带来显著政绩的喜悦中时，实际上也遮蔽了短期行为造成的高昂治理成本。地方政府在战略管理的过程中，需要从制度安排、管理方式创新等方面突破短期利益与长远发展之间的矛盾冲突。

（四）中央权威与地方自主权之间的关系博弈

中央与地方的关系一直是贯穿国家治理过程的主线。新中国成立以来，中央与地方权责关系在"收—放"之间进行过多轮调整，主要焦点体现在两者的权责划分以及具体的政策执行过程中。作为人口规模、国土面积、民族构成都极为庞大且复杂的国家，中央不可能实现对地方的全面指导，一个可能的策略是通过中间政府的管理实现对基层政府的激励与监督。但是由于转型期治理任务的模糊性和复杂性，以及上下级政府间存在信息不对称，时常会出现地方在执行中央政策时的变通行为。究竟什么样的央地关系模式才能既保证中央的政策贯彻落实，同时给予地方一定的发展自主权，这是一个复杂的利益博弈问题。

第三章

中国地方政府战略管理的现状分析

我国地方政府在面临国际、国内要求变革的双重压力下,已开始尝试引入注重外部环境分析的战略管理工具,如在一些政府部门开展的目标管理、全面质量管理及万人评议政府运动等,都蕴含战略管理的理念。但若从战略管理的系统理论对当前实践进行评价,地方政府的战略管理还存在许多问题。诸如公共战略只停留在纸面,行政结构与公共战略匹配存在错位,公共战略的制定流于形式等(汪大海,2004)。本章根据公共部门战略管理的理论与实践,构建地方政府战略管理的评价指标体系,并运用层次分析法、灰色关联度法对我国地方政府战略管理的现状进行实证分析。

第一节 中国地方政府战略管理的评价指标与权重确定

综合战略管理的公私比较和中外比较可以看出,要分析地方政府的战略管理活动,需要明确地方政府面临的权威网络、运营方式、服务对象、层级间关系及政府职能等方面,将以上几个方面进行归类合并,并结合我国地方政府管理的实际,可以将地方政府战略管理测量维度概括为战略规划与重大项目、协作性治理结构、创新性工作方式及战略管理绩效四个连续性活动。

一、评价指标体系的构建

(一)战略规划与重大项目

1. 地方专项规划。

战略规划是地方政府开展战略管理活动的直接体现。有学者将政府的战略规划能力看作是一项重要的管理能力，它是指管理者和组织通过思考，在衡量影响组织未来的内部和外部环境的基础上，为组织创造目标、前进方向、焦点和一致性的能力（倪星、杨芳，2006）。随着政府执政环境的复杂化和动荡化，对地方政府制定专项战略规划的要求越来越高，制定专项规划的能力在一定程度上反映了地方政府的战略管理水平。由于地区间的经济、社会、文化等方面的差异性，我国地方政府制定专项规划的能力参差不齐，例如，北京的专项规划包括了交通发展、高技术产业、对外经贸、现代产业、软件和信息等70多项；而像内蒙古、黑龙江等地区的专项规划仅包括服务业、城市建设、科学技术、体育事业等10多项。我国中央政府历来有制定发展规划的传统，新中国成立以来除了1949年至1952年以及1963年至1965年为国民经济调整时期外，已编制实施了13个五年规划（计划），目前正处于"十四五"规划时期。在纵向一体结构的政治体制下，地方政府也要制定相应的五年规划，在五年规划的指导下再制定相关领域的专项规划。专项规划一般具有综合性和优先性的特点，通常需要跨部门的协作和配合，而且属于国民经济和社会发展中的战略性问题。基于此，我们选择"地方专项规划的个数"作为评价地方政府战略规划能力的一项指标。

2. 地方重大项目。

重大项目是将组织战略转化为可见现实的必要路径。地方重大项目是为实现地方总体规划或专项规划而投入建设的，投资巨大、影响广泛、有助于社会效益的提高。由于重大项目主要由政府投资，所以公共性程度较高，一般涉及交通、现代新兴及高科技产业、民生保障项目、生态环境项目等方面。重大项目建设是实现地方政府发展战略的重要契机，可以为相关产业的发展增强活力，是实现地方科学稳定发展的重要基础。重大项目的正确、高效、科学实施需要组成专门的项目团队对其进行计划、组织、领导和控制，考验着地方政府的时间管理、风险管理、资源管理、采购管理、质量管理等战略管理能力。因此，选择"地方重大项目的个数"作为衡量地方政府战略规划能力的指标之一。

（二）协作性治理结构

战略管理在某种程度上可以称为协作性管理，构建协同政府和整体政府是政府战略管理的核心理念。现代社会受生产与消费模式、劳动力构成、信息技术、环境和社会问题、科技等多种因素的影响，公共服务需求的复杂性越来越高，需求的变化同时也对传统的公共服务组织结构提出了挑战（曾维和，2010）。纯粹韦伯式的政府组织结构呈严格的金字塔式排列，纵向上是权力结构森严的科层制结构；横向上由相互独立的若干职能部门组成。在社会需求单一和稳定的情况下，这种组织结构尚可维持。但当公共需求复杂多变时，传统政府组织结构的弊端就日益凸显。在这种情况下，需要地方政府在进行思考、实践和学习的过程中比以往更多地体现出战略性（布莱森，2010）。于是，实现分权与重组，加强政府与社会、政府与市场的合作成为地方政府管理的发展趋势。统治的权威主要源于政府的法规命令，治理的权威则主要源于公民的认同和共识（俞可平，2002）。从主体上看，治理包括政府、私人部门及社会组织在内的所有机构，强调主体间的平等地位，重视参与、协商、条例、谈判等方法。与西方不同，中国是一个"强政府""弱社会"的国家，市场和社会的发展是由政府培育起来的，这同时也说明，市场和社会力量还比较薄弱，难以承担起某些原由政府履行的职责（曾峻，2000）。在此，选择每万人拥有的社会组织数量作为评判地方政府协作性治理结构的指标之一。另外，随着信息技术的发展，电子政务已成为政府战略管理的一项重要工具，网络行政的发达程度直接关系到政务信息的公开化程度、网上办事的便捷程度以及官民互动的畅通程度，而这些又会直接影响到公众参与社会管理的质量。因此，网上行政也作为评价治理结构的一项指标。

（三）创新性工作方式

战略管理是未来导向的管理，是实现公共价值的创造性活动。面对未来的复杂且不确定性的矛盾和问题，政府的战略思维就不能囿于传统的、陈旧的、教条的局限，创新性思维必须成为政府领导者战略思维的一种重要方式（杨启国，2011）。政府的创新性工作既包括制度创新也包括技术创新，制度创新是指对现有制度进行改造或创立新的制度来因应社会经济发展的要求；技术创新指的是把科学技术手段应用于政府治理过程中或者对现有治理所使用的手段、措施、方法以及程序进行技术层面的改造（杨雪冬，2007）。战略管理过程中会面对许多可能性和突发性的状况，政府领导者必须在全过程管理中贯彻战略思考、行动和学习，这必然需要政府应对环境变化时进行工作方式的创新。据此选择"获中国地方政府创新奖的个数"作为政府创新性工作的衡量指标。

(四) 战略管理绩效

战略管理是结果导向的闭环过程，它不仅强调做正确的事和正确地做事，更强调做事的效果。战略管理绩效是对战略实施结果的评价，我们在此选择 GDP 增速、人均 GDP 和家庭恩格尔系数作为战略管理绩效的评价指标。GDP 增速主要用来衡量地方经济发展的活力；人均 GDP 主要衡量地方经济的实际水平；家庭恩格尔系数用来衡量居民的生活水平，它一般随居民家庭收入和生活水平的提高而下降。

根据以上论述，并遵循指标选择的目标一致性、可测性、可比性、可行性和整体性的原则构建中国地方政府战略管理的评价指标体系（如表3-1所示）。

表3-1　　　　　中国地方政府战略管理评价指标体系

一级指标	二级指标	单位	类型
战略规划与重大项目 B_1	专项规划数 B_{11}	个	正向指标
	重大项目数 B_{12}	个	正向指标
协作治理结构 B_2	人均社会组织数 B_{21}	个	正向指标
	网上行政 B_{22}	分	正向指标
创新性工作方式 B_3	获地方政府创新奖数 B_{31}	个	正向指标
战略管理绩效 B_4	GDP 增速 B_{41}	%	正向指标
	人均 GDP B_{42}	元	正向指标
	恩格尔系数 B_{43}	%	逆向指标

二、评价指标的标准化

中国地方政府战略管理的评价指标没有统一的度量标准，因此，在进行评价前，需要将各指标属性值进行标准化处理，即对指标的属性值进行无量纲化操作。地方政府战略管理的评价指标体系中包含两种类型：正向指标（越大越好）、逆向指标（越小越好），除"恩格尔系数 B_{43}"为逆向指标外，其余都为正向指标。本书将采用"Z-score"法对数据进行标准化处理。原始数据经过标准化后均转换为无量纲化指标测评值，即各指标值都处于同一个数量级别上，可以进行综合测评分析。

"Z-score 标准化"方法是基于原始数据的均值（mean）和标准差（standard deviation）进行数据的标准化。将指标的原始值 x 使用 Z-score 标准化到 x′。步骤如下：

（1）求出各变量（指标）的算术平均值（数学期望）x_i 和标准差 s_i；

（2）进行标准化处理：

$$z_{ij} = (x_{ij} - x_i)/s_i \tag{3.1}$$

其中：z_{ij} 为标准化后的变量值；x_{ij} 为实际变量值。

（3）将逆指标前的正负号对调。由于评价指标中有正向指标与逆向指标之分，所以还要将逆向指标（恩格尔系数 B_{43}）正向化。本书采用的方法为在逆向指标标准化数值上乘以 -1，实现正向化。

标准化后的变量值围绕 0 上下波动，大于 0 说明高于平均水平，小于 0 说明低于平均水平。

三、层次分析法确定指标权重

本书运用层次分析法（AHP）确定评价指标权重。层次分析法特别适用于难以完全定量分析的问题。它将评价指标体系按目标层、准则层、指标层排列起来，形成一个多目标、多层次的模型，构成有序的递阶层次结构。以下是运用层次分析法确定中国地方政府战略管理评价指标权重的步骤。

（一）构建递阶层次结构

根据构建的指标体系构造一个各因素之间相互关联的递阶层次结构，处于最上层的为目标层，通常只有一个元素，在本书中指"中国地方政府战略管理评价指标体系 A"，中间层包括准则层和子准则层，准则层有"战略规划与重大项目 B_1""协作治理结构 B_2""创新性工作方式 B_3"和"战略管理绩效 B_4"，每项指标下面又包含若干子指标。

（二）构造两两比较矩阵

设计《中国地方政府战略管理评价指标权重专家评分表》，对每一层次中各因素的相对重要性采用专家打分法给出数值判断，并写成矩阵形式（如表 3-2 所示）。矩阵 b_{ij} 表示相对于 A_k 而言，B_i 和 B_j 的相对重要性，取 1，2，3，…，9 及它们的倒数作为标度。任何判断矩阵都应满足 $b_{ij}=1$ ($i=j$)，$b_{ij}=1/b_{ij}$ ($i,j=1,2,…,n$)。

表 3-2　　　　　　层次分析法的两两比较矩阵

A_k	B_1	B_2	…	B_n
B_1	b_{11}	b_{12}	…	b_{1n}
B_2	b_{21}	b_{22}	…	b_{2n}
…	…	…	…	…
B_n	b_{n1}	b_{n2}	…	b_{nn}

（三）层次单排序和一致性检验

层次单排序可以归结为计算判断矩阵的特征和特征向量问题，即对判断矩阵 B，计算满足 $BW=\lambda_{max}W$ 的特征根和特征向量，将特征向量正规化，并将正规化后所得到的特征向量 $W=[w_1,w_2,…,w_n]^T$ 作为本层次元素 $b_1,b_2,…,b_n$ 对于其隶属元素 A_k 的排序权值。对通过专家打分得到的各两两判断矩阵进行计算，所得结果如表 3-3 至表 3-6 所示。

表 3-3　判断矩阵 A（相对于总目标而言，各准则层的相对重要性）

A	B_1	B_2	B_3	B_4	W_i	CR（一致性检验）
B_1	1	5	6	3	0.5696	
B_2	0.2	1	4	0.5	0.1470	0.0621
B_3	0.1667	0.25	1	0.3333	0.0635	
B_4	0.3333	2	3	1	0.2199	

表 3-4　判断矩阵 B_1（相对于 B_1 而言，各子准则层的相对重要性）

B_1	B_{11}	B_{12}	W_i	CR（一致性检验）
B_{11}	1	2	0.6667	0
B_{12}	0.5	1	0.3333	

表3-5　判断矩阵 B_2（相对于 B_2 而言，各子准则层的相对重要性）

B_2	B_{21}	B_{22}	W_i	CR（一致性检验）
B_{21}	1	4	0.8	0
B_{22}	0.25	1	0.2	

表3-6　判断矩阵 B_4（相对于 B_4 而言，各子准则层的相对重要性）

B_3	B_{41}	B_{42}	B_{43}	W_i	CR（一致性检验）
B_{41}	1	0.5	3	0.3326	0.0516
B_{42}	2	1	3	0.5278	
B_{43}	0.3333	0.3333	1	0.1396	

注：以上各判断矩阵的一致性检验 CR 均小于0.1，因此都通过一致性检验。

（四）层次总排序

层次总排序需要从上到下逐层进行。如果因素 A 的 n 个指标 B_1，B_2，B_n 对 A 的排序数值向量为 $W_{A \to Bi}$（a_1，a_2，…，a_n），B_{ik} 对指标 B_i 的层次单排序数值为向量 $W_{Bi \to Bik}$（b_1，b_2，…，b_k），（i-1，2，…，n），此时，B_{ik} 对 A 的数值向量为：$W_{A \to Bik} = W_{Bi \to Bik} \times W_{A \to Bi}$。分别将一级指标 B_i 相对于总指标 A 的权重向量 $W_{A \to Bi}$ 和二级指标 B_{ik} 相对于其隶属指标 B_i 的权重向量带入上述公式，可计算出层次总排序（如表3-7所示）。

表3-7　中国地方政府战略管理评价指标权重

| 准则层 | | B_1 | B_2 | B_3 | B_4 | 各指标相对于总目标的权重 |
		0.5696	0.147	0.0635	0.2199	
指标层	B_{11}	0.6667	—	—	—	0.3798
	B_{12}	0.3333	—	—	—	0.1898
	B_{21}	—	0.8	—	—	0.1176
	B_{22}	—	0.2	—	—	0.0294
	B_{31}	—	—	1	—	0.0635
	B_{41}	—	—	—	0.3326	0.0731
	B_{42}	—	—	—	0.5278	0.1161
	B_{43}	—	—	—	0.1396	0.0307

第二节 中国地方政府战略管理的灰色关联度评价

灰色系统理论是由我国著名学者邓聚龙于 1982 年提出的。它的研究对象是"部分信息已知,部分信息未知"的"贫信息"不确定性系统,它通过对部分已知信息的生成、开发实现对现实世界的确切描述和认识。回归分析虽然是一种较通用的方法,但大多只用于少因素的、线性的,对于多因素的、非线性的则难以处理,灰色系统理论则提出了一种新的分析方法,即系统的关联度分析方法。关联度反映各评价对象对理想(标准)对象的接近次序,其中灰色关联度最大的评价对象为最佳。关联度分析方法对样本量的多少没有严格的要求,也不需要典型的分布规律,在系统数据资料较少和条件不满足统计要求的情况下,更具有实用性。

一、灰色综合评价法的原理与运算分析

基于灰色关联度分析的灰色综合评价是在各个评价对象之间排出优先顺序。灰色综合评判主要是依据以下模型:

$$R = E \times W \tag{3.2}$$

其中,$R = [r_1, r_2, \cdots, r_m]^T$ 为 m 个被评对象的综合评判结果向量;$W = [w_1, w_2, \cdots, w_n]^T$ 为 n 个评价指标的权重分配向量,其中 $\sum_{j=1}^{n} w_j = 1$。E 为各指标的评判矩阵:

$$E = \begin{bmatrix} \xi_1(1) & \xi_1(2) & \cdots & \xi_1(n) \\ \xi_2(1) & \xi_2(2) & \cdots & \xi_2(n) \\ \cdots & \cdots & \cdots & \cdots \\ \xi_m(1) & \xi_m(2) & \cdots & \xi_m(n) \end{bmatrix} \tag{3.3}$$

$\xi_i(k)$ 为第 i 种方案的第 k 个指标与第 k 个最优指标的关联系数。

根据 R 的数值进行排序,步骤如下:

(一) 确定最优指标集(F^*)

$$\text{设 } F^* = [j_1^*, j_2^*, \cdots, j_n^*] \tag{3.4}$$

式中 j_k^*(k = 1, 2, …, n)为第 k 个指标的最优值。此最优值可以是

诸方案中最优值,也可以是评估者公认的最优值。选定最优指标集后,可构造矩阵 D:

$$D = \begin{bmatrix} j_1^* & j_2^* & \cdots & j_n^* \\ j_1^1 & j_2^1 & \cdots & j_n^1 \\ \cdots & \cdots & \cdots & \cdots \\ j_1^m & j_2^m & \cdots & j_n^m \end{bmatrix} \quad (3.5)$$

式中,j_k^i 为第 i 个方案中第 k 个指标的原始数值。

(二) 指标的规范化处理

即对原始指标数值进行规范处理,仍采用上节中介绍的"Z-score 标准化"方法。

(三) 计算综合评判结果

$$E = \begin{bmatrix} \xi_1(1) & \xi_1(2) & \cdots & \xi_1(n) \\ \xi_2(1) & \xi_2(2) & \cdots & \xi_2(n) \\ \cdots & \cdots & \cdots & \cdots \\ \xi_m(1) & \xi_m(2) & \cdots & \xi_m(n) \end{bmatrix} \quad (3.6)$$

根据灰色系统理论,将 $\{C^*\} = [C_1^*, C_2^*, \cdots, C_n^*]$ 作为参考数列,将 $\{C^i\} = [C_1^i, C_2^i, \cdots, C_n^i]$ 作为被比较数列,则用关联分析法分别求得第 i 个方案第 k 个指标与第 k 个最优指标的关联系数 $\xi_i(k)$,即:

$$\xi_i(k) = \frac{\min_i \min_k |C_k^* - C_k^i| + \rho \max_i \max_k |C_k^* - C_k^i|}{|C_k^* - C_k^i| + \rho \max_i \max_k |C_k^* - C_k^i|} \quad (3.7)$$

式中,$\rho \in [0, 1]$,一般取 $\rho = 0.5$。

由 $\xi_i(k)$,即得 E,综合评判结果为:$R = E \times W$,即

$$r_i = \sum_{k=1}^{n} W(k) \times \xi_i(k) \quad (3.8)$$

若关联度 r_i 最大,则说明 $\{C^i\}$ 与最优指标 $\{C^*\}$ 最接近,亦即第 i 个方案优于其他方案,据此,可以排出各方案的优劣次序。

二、评价样本的选择

本书的评价样本选择我国的 31 个省级政府。之所以选择省级政府作

为评价样本，第一是由于我国地方政府的战略管理较为薄弱，地级市政府和县级市政府的战略管理参差不齐，评价结果不利于做普遍性的规律分析；第二，中国有600多个地级市政府、2800多个县级政府，样本数量庞大，受研究条件的局限，难以做出科学的评价结果；第三，在地方政府战略管理发展的起步阶段，以管辖地域范围更广的省级政府为评价样本，不仅方便数据的收集，而且评价结果在一定程度上也能反映该省所辖地市及县级市政府的战略管理状况，可以更宏观地把握当前中国地方政府战略管理的现状。

三、指标数据来源

评价指标的数据主要来源与政府官方网站或统计年鉴。地方的专项规划和重大项目来源于各地方网站的统计；网上行政的打分，主要是根据地方政府网站在网上办事、信息公开和官民互动等方面的情况进行调查，设计1~5分的调查量表，1分代表网上行政非常差，5分则代表非常好；获地方政府创新奖的个数是根据中国政府创新网的数据进行统计汇总；每万人拥有社会组织数、GDP增速、人均GDP和恩格尔系数则来源于《中国民政统计年鉴》和各地方统计年鉴。

四、指标数据的计算及结果

（一）确定最优指标集

各指标的最优值由取值最大（小）的省份的值来确定。在构建中国地方政府战略管理评价指标体系中，除恩格尔系数取值是越小越好外，其余指标的取值是越大越好。专项规划 B_{11} 的最优值取值为79；重大项目 B_{12} 的最优取值为1016；每万人拥有社会组织数 B_{21} 的最优取值为7.16；网上行政 B_{22} 的最优取值为5；获地方政府创新奖数 B_{31} 的取值为18；GDP增速 B_{41} 的最优取值为16.4%；人均GDP B_{42} 的最优取值为85213元；恩格尔系数 B_{43} 的最优取值为31.3%。因此，本评价中的最优指标集为：

$$F^* = [79, 1016, 7.16, 5, 18, 16.4, 85213, 31.3]$$

根据上节层次分析法得出的各指标权重为：

$$W_j = (W_1, W_2, W_3, W_4, W_5, W_6) = (0.3798, 0.1898, 0.1176,$$
$$0.0294, 0.0635, 0.0731, 0.1161, 0.0307)$$

（二）评价数据

通过调查打分、各省网站和年鉴搜集到各评价指标的原始数据如表3-8所示。

表3-8　中国31个省份政府战略管理评价原始数据

省份	专项规划（个）B_{11}	重大项目（个）B_{12}	每万人拥有社会组织数（个）B_{21}	网上行政（分）B_{22}	获地方政府创新奖数（个）B_{31}	GDP增速（%）B_{41}	人均GDP（元）B_{42}	恩格尔系数（%）B_{43}
北京	76	200	3.66	5	6	8.1	81658	31.4
天津	33	90	3.2	2	0	16.4	85213	36.2
河北	44	238	2.12	2	6	11.3	33969	33.8
山西	24	240	2.91	4	0	13	31357	31.3
内蒙古	8	150	3.33	1	1	14.3	57974	31.3
辽宁	28	468	4.35	4	1	12.3	50760	35.5
吉林	11	251	3.05	3	1	13.8	38460	32.7
黑龙江	14	345	3.23	5	1	12.3	32819	36.1
上海	23	70	4.39	4	5	8.2	82560	35.5
江苏	68	200	4.34	5	10	11	62290	36.1
浙江	60	1016	5.31	5	18	9	59249	34.6
安徽	45	674	2.49	5	2	13.5	25659	39.8
福建	79	529	4.23	4	4	12.3	47377	39.2
江西	12	236	2.4	4	1	12.5	26150	39.8
山东	20	100	4.85	4	4	10.9	47335	33.2
河南	9	352	2.04	3	2	11.9	28661	34.1
湖北	20	341	3.83	5	2	13.8	34197	40.7
湖南	15	172	2.43	4	0	12.8	29880	36.9
广东	17	280	2.73	5	8	10	50807	36.9
广西	10	237	2.82	4	6	12.3	25326	39.5
海南	23	226	3.22	3	0	12	28898	44.9

续表

省份	专项规划（个）B_{11}	重大项目（个）B_{12}	每万人拥有社会组织数（个）B_{21}	网上行政（分）B_{22}	获地方政府创新奖数（个）B_{31}	GDP增速（％）B_{41}	人均GDP（元）B_{42}	恩格尔系数（％）B_{43}
重庆	19	300	3.14	3	3	16.4	34500	39.1
四川	12	174	3.62	4	11	15	26133	40.7
贵州	25	538	1.9	4	3	15	16413	40.2
云南	15	500	2.74	3	2	13.7	19265	39.2
西藏	7	137	1.29	1	1	12.7	20077	49.9
陕西	15	106	3.52	4	0	13.9	33464	36.6
甘肃	27	127	4.03	3	0	12.5	19595	37.4
青海	16	58	4.52	3	0	13.5	29522	38.9
宁夏	11	50	7.16	2	2	12.1	33043	34.8
新疆	14	113	3.7	3	0	12	30087	38.3

（三）计算综合评判结果

将最优指标集、各指标权重和原始数据输入 MCE 软件（现代综合评价软件包），对原始数据进行标准化处理后，分别计算各单项指标的关联度和总关联度，计算结果如表 3-9 所示。

表 3-9　　　中国各省级政府战略管理关联度及其排名

省份	总排名	总关联度	B_1 关联度	B_2 关联度	B_3 关联度	B_4 关联度
浙江	1	0.859591	0.9747663	0.6907001	1	0.7728957
北京	2	0.682612	0.7865137	0.5648796	0.4285714	0.9504837
江苏	3	0.675513	0.7757836	0.607993	0.5294118	0.7888654
上海	4	0.660509	0.7100874	0.5607429	0.4090909	0.9621131
宁夏	5	0.659075	0.6955212	0.8989048	0.36	0.6818742
福建	6	0.624239	0.8326628	0.5495151	0.3913043	0.7234756
天津	7	0.623934	0.7229801	0.4394614	0.3333333	0.9999801
广东	8	0.61285	0.7229175	0.5188052	0.4736842	0.7359924

续表

省份	总排名	总关联度	B_1 关联度	B_2 关联度	B_3 关联度	B_4 关联度
四川	9	0.611914	0.7069811	0.5117996	0.5625	0.6663751
山东	10	0.60517	0.7091963	0.5968385	0.3913043	0.7233403
辽宁	11	0.59976	0.7591699	0.5578773	0.3461538	0.7358392
安徽	12	0.588029	0.8179871	0.5087442	0.36	0.6653844
湖北	13	0.58149	0.7331446	0.5747805	0.3333333	0.6847002
黑龙江	14	0.574157	0.7271214	0.5420248	0.3461538	0.6813295
广西	15	0.569028	0.710925	0.4719232	0.4285714	0.6646915
新疆	16	0.56751	0.7037706	0.5163359	0.375	0.6749341
河北	17	0.563838	0.7493164	0.3933249	0.4285714	0.6841381
青海	18	0.562152	0.7014899	0.5401122	0.3333333	0.6736742
内蒙古	19	0.561302	0.7005922	0.4317237	0.3461538	0.7667387
重庆	20	0.561083	0.7272966	0.4565452	0.375	0.6854885
陕西	21	0.556697	0.7042612	0.5062843	0.3333333	0.6829092
贵州	22	0.556056	0.7654494	0.4356902	0.375	0.6480837
山西	23	0.5534	0.7264094	0.475966	0.3333333	0.6778905
甘肃	24	0.55308	0.7192345	0.5060856	0.3333333	0.6536681
吉林	25	0.551925	0.7134147	0.4522323	0.3461538	0.6958987
云南	26	0.550275	0.7498399	0.4381849	0.36	0.6530754
海南	27	0.547487	0.7238927	0.4604736	0.3333333	0.6722491
江西	28	0.544949	0.7129453	0.4543073	0.3461538	0.6663899
湖南	29	0.543331	0.710009	0.4555015	0.3333333	0.6744796
河南	30	0.541218	0.7226597	0.4104423	0.36	0.6717704
西藏	31	0.512592	0.6984059	0.3513098	0.3461538	0.6544984

第三节 中国地方政府战略管理评价的结果分析

根据前一节对战略规划与重大项目、协作治理结构、创新性工作方式及战略管理绩效的单项关联度和总关联度的计算结果,本书对我国以省为单位的地方政府战略管理现状进行分析,从而为我国地方政府战略管理目标模式的提出提供实证依据。

一、单项关联度分析

根据单项指标关联度的计算结果,绘制31个省份的关联度折线图(如图3-1所示)。根据图示并结合地方政府的现实情况对计算结果进行分析。从图示中可以看出,除了北京、天津、上海三个直辖市外,战略规划和重大项目、创新性工作方式以及战略管理绩效三条关联度曲线基本一致。直辖市的例外情况可能有两个主要原因,一方面,这三个直辖市的管辖范围相对于其他省份较小,战略规划和重大项目的数目受到局限,因而战略管理绩效曲线高于战略规划和重大项目曲线;另一方面,三大直辖市接受中央的优惠政策要多于其他省份。如北京建设世界城市的战略、天津市滨海新区战略以及上海的浦东新区等被上升为国家战略,这种政策上的优惠和当地良好的基础条件为GDP增长增添了新动力,从而拉高了其与其他省份的差距。但从总体来看,三条曲线的一致性程度较高。这说明战略规划、创新性工作方式与战略管理绩效之间存在一致性。第一,从战略规划与战略绩效的关联来看,两者处于战略管理过程的两端,共同构成了政府战略管理过程的闭环系统,有战略无绩效和有绩效无战略的管理都构不成完整的战略管理过程。从图中可以看出,我国31个省份的地方政府的战略规划实现程度较高。第二,创新性工作方式与战略规划和重大项目以及战略管理绩效的高相关性,说明战略规划的制定和实施离不开地方政府的创新性工作,创造性地开展工作是地方战略管理取得成效的重要因素

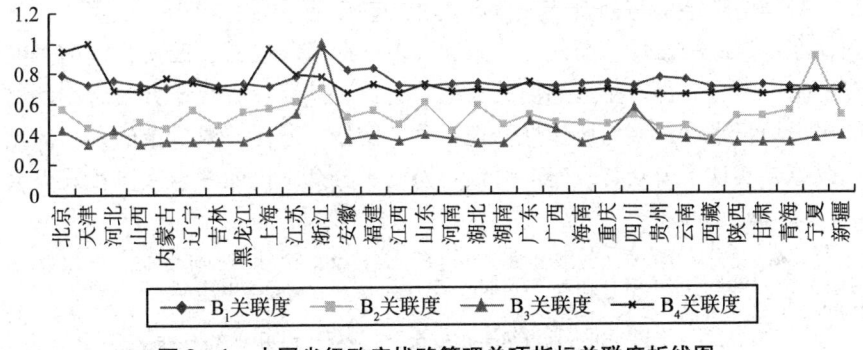

图3-1 中国省级政府战略管理单项指标关联度折线图

之一。第三,除浙江省外,各省份的创新性工作曲线的水平普遍较低,远低于战略规划曲线和战略管理绩效曲线的水平。各省份在创新工作方面还任重道远。

协作治理结构的关联度曲线在四条曲线中的波动最大,这也可以看出,地方政府与市场、与社会的合作在各省份还存在较大差距,这主要是受每万人拥有社会组织数这一指标的影响。除此之外,全国的协作治理水平也处于一个低位状态。协作治理结构的不完善会直接影响地方政府战略管理的开展,这可以通过浙江与宁夏的比较来佐证。在 31 个省份中,浙江的战略规划与重大项目指标得分最高,这主要得益于浙江对重大项目的投资和建设力度要远远高出其他省份。从现实情况来看,2020 年,浙江省的重大项目涉及产业平台、交通设施、能源建设、城市建设、社会事业、金融服务业及商贸综合体、旅游及文化创意、农水工程八大领域。其中,10 亿元以上项目 477 个,50 亿元以上项目 156 个,100 亿元以上项目 17 个①。而且浙江省积极调动民间投资的热情,贯彻落实国务院促进民间投资"新 36 条"的 42 项实施细则。在一些民间投资进入意愿强烈、国家层面有突破空间的行业和领域,取得突破性实效。而宁夏回族自治区在 2020 年实施的重大项目仅有 80 个,投资额还不到浙江省的 1/10②。宁夏处于西部欠发达省份,生态环境较为恶劣,政府提供的公共产品和服务还局限于交通和物流等初级基础设施领域,难以吸引民间投资的进入。这些投资高、周期长、回收低的项目主要靠政府独立提供,因而导致了重大项目建设的局限性。通过比较,可以看出两个省份在市场化程度以及政府与市场、社会的合作程度方面存在很大差距。当地方政府面临的环境越来越复杂时,仅靠政府一方的力量则难以处理各种棘手的公共事务,走向协作治理是地方政府战略管理的题中之义。

协作治理结构与创新性工作方式的关联度曲线较为接近,说明两者之间存在一定的关联性。浙江、广东、江苏、北京、安徽、四川在这两条曲线上基本吻合。仍以排名靠前的浙江省为例,从浙江省获地方政府创新奖的申报项目来看,多与协作性治理相关。例如,浙江省温岭市的参与式预算改革,实现了公众与政府的对话与协商,公众不仅能参与人民代表大会

---

① 浙江省发展改革委:《关于印发 2020 年省重点建设及预安排项目计划的通知》,浙江省发展改革委网站,2020 年 3 月 23 日,http://fzggw.zj.gov.cn/art/2020/3/23/art_1229123367_1046555.html。

② 宁夏日报:《宁夏 2020 年将继续推进 80 余个重点项目》,中央政府门户网站,2020 年 1 月 4 日,http://www.gov.cn/xinwen/2020-01/14/content_5468963.htm。

的预算草案审查,而且还能对镇政府的预算执行情况开展经常性监督。这一创新性工作方式通过公共的充分参与,使预算的编制和分配更符合公共利益,并维护弱势群体和低收入阶层的利益。杭州市政府的开放式决策也是一项政府治理方式的创新,包括建立市政府决策事项事前公示、听证制度;建立人大代表、政协委员列席市政府常务会议制度;建立市民代表和专家列席市政府常务会议制度;实现市政府常务会议网络视频直播互动交流;制定实施《杭州市人民政府重大行政事项实施开放式决策程序规定》和《杭州市人民政府开放式决策有关会议会务工作实施细则(试行)》,开放式决策由市级政府层面向区(县、市)级政府延伸;政府对开放式决策中收到的意见予以研究、采纳和公开回应。这些创新性项目为构建和完善公众参与政府管理和决策,并对政府活动进行监督的官民合作治理结构进行了有益的探索。由此可见,协作治理与创新工作是相互依存和相互影响的关系,协作治理就是对战略管理工作的创新,创新工作也就是探索政府、市场、社会合作治理的有效路径和方式。

从四条曲线的总体水平来看,我国地方政府战略管理在四项指标上还处于相对较低的水平,各省份之间的情况也参差不齐。除了浙江省的各项指标都比较突出外,其余省份都或多或少存在短板。从目前情况看,战略规划与重大项目、战略管理绩效两条曲线的水平要高于协作治理结构、创新工作方式的曲线水平。这说明我国地方政府的协作治理水平和创新工作水平还比较落后,缺少协作和创新的战略难以持续。

二、综合排名分析

根据总关联度的计算结果,按照排名的先后绘制 31 个省份的折线图(如图 3-2 所示)。根据图示并结合现实实际对计算结果做出分析。

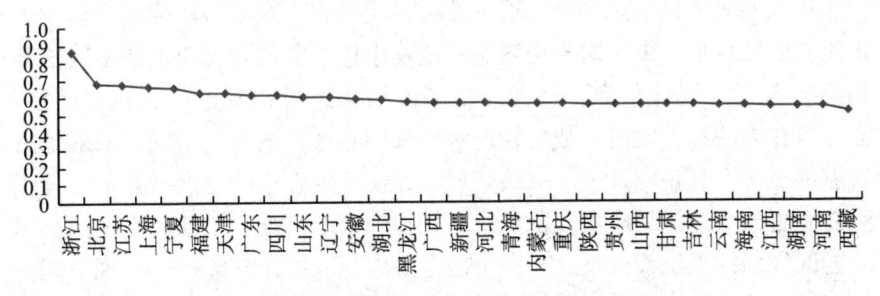

图 3-2 中国省级政府战略管理总关联度折线图

根据总关联度的计算结果，可以将31个省份的战略管理水平分为三个层次，总关联度在0.65以上的包括浙江、北京、江苏、上海、宁夏；0.60~0.65之间的包括福建、天津、广东、四川、山东和辽宁；0.60以下的为安徽、湖北、黑龙江、广西、新疆、河北、青海、内蒙古、重庆、陕西、贵州、山西、甘肃、吉林、云南、海南、江西、湖南、河南、西藏。需要特别说明的是，排名第6的宁夏主要是由于协作治理结构中的每万人拥有社会组织数较高，并非是因为实际的战略管理水平高，由于其人口数量比其他省份少，因此平均人口后的社会组织数相对较多，宁夏的每万人拥有的社会组织数要比总排名靠前的北京高出近2倍的数量，因而宁夏的排名与其实际的战略管理水平不太相符。从总体关联度水平可以看出，排名靠前的省份与靠后的省份的关联度水平差距微小，关联度在0.5~0.6之间的有20个，占全部省份的65%，我国大部分省份的政府战略管理还处于较低的水平。

分析31个省份政府战略管理水平的分布情况，可以看出关联度较高的省份一般分布在东部沿海地区，中等和低等关联度的省份大多集中在中、西部地区。这说明地方政府的战略管理水平与经济发展水平和地区开放程度存在一定的相关性，但并不是绝对的。例如，经济排名靠后的青海要比经济排名靠前的湖北、河南的关联度高。东部地区战略管理水平较高，除了有良好的经济条件外，还可能与领导人的素质、对外开放水平、市场成熟度及社会组织的发达程度等因素相关。因此，政府战略管理水平与地区经济发展没有必然联系，落后地区甚至比先进地区更有提高战略管理能力的紧迫性。

三、现状总结

从以上对评价结果的分析可以看出，我国省一级政府的战略管理还处于比较低的水平，由于对省级政府的调查中包含了该省管辖范围下的地级和县级政府的统计信息，因此，从评价结果也可以推断，包括省、市、县、乡在内的地方政府的战略管理水平都还有很大的提高空间，有的地方政府甚至没有真正意义上的战略管理，即使有些省份的排名较靠前，但仍然需要更加系统、科学和规范的战略管理理论的指导。当前，在全国主体功能区规划的顶层设计下，要在全国范围内划分主体功能区，实现不同主体区域的优化发展、重点发展、限制发展和禁止发展，需要各地方政府不能仅从地方经济发展出发制定政策,更要考虑在全国规划体系中的发展定位,运用战略思维开展工作。

评价指标体系中的四个维度为提高地方政府战略管理能力提供了方向。中国地方政府要在战略规划与重大项目、协作治理结构、创新性工作方式以及战略管理绩效方面有所提高和突破,就离不开战略管理理念的转变,离不开战略管理体制的转变,离不开战略管理方式的转变,而这三个方面的转变亟须理论工作者从管理理念、结构和过程的系统研究中构建适合中国地方政府本土化的战略管理模式。

第四章

地方政府战略管理的价值理念

《辞海》中对理念的解释是"看法、思想、思维活动的成果"。政府战略管理理念是指政府在战略管理中的价值取向、思维活动和管理意识的总和。要创新地方政府战略管理模式，理念创新是前提。本章从公共行政学的价值取向演变提出政府战略管理的价值取向，并在坚持这一基本价值取向的基础上，从地方政府领导的战略观、议题管理的张力观及利益相关者分析的多元人假设等方面对地方政府战略管理的理念进行系统阐释。

第一节 政府战略管理的价值取向

伴随公共行政学百年发展的历程，效率与公共性的价值之争一直未曾间断，甚至有学者认为，公共行政学的发展史就是一部寻求效率与公共性平衡的历史。对效率和公共性的不同价值选择决定了公共行政学研究的两种途径或范式。自威尔逊（Tomas W. Wilson）提出"政治—行政"二分法以来，公共行政学的发展就充满了价值取向的争论，直到今天它仍然是公共行政理论和实践的热点问题。在讨论政府战略管理的价值取向之前首先对公共行政学发展阶段中的价值选择进行梳理和总结。

一、公共行政学的价值取向之争

根据价值取向选择的差异，可将西方行政学的发展历程划分为四个时期，即产生与创立时期、正统时期、批判时期、创新与探索时期（如图4-1所示）。

第四章 地方政府战略管理的价值理念

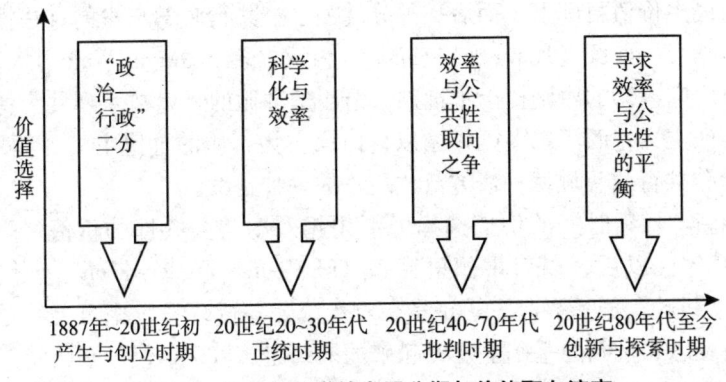

```
价值选择
  ↓
"政治—行政"二分 → 1887年~20世纪初 产生与创立时期
科学化与效率 → 20世纪20~30年代 正统时期
效率与公共性取向之争 → 20世纪40~70年代 批判时期
寻求效率与公共性的平衡 → 20世纪80年代至今 创新与探索时期
```

图 4-1　公共行政学的发展分期与价值取向演变

产生与创立时期的主要代表人物是被誉为行政学开山鼻祖的美国行政学家威尔逊及古德诺（Frank J. Goodnow）、泰勒（Frederick W. Taylor）等人。威尔逊的最大贡献在于提出了"政治—行政"二分法，但他并未完全切断政治与行政的关联，而是在承认两者相互关系基础上的二分法。古德诺对"政治—行政"二分法作了进一步的阐释和发挥，他同时强调了政治与行政协调的必要性。在公共行政学创立初期，"政治—行政"二分法的提出仅是为了更明确地强调行政学作为一门独立学科的必要性，而并非强调政治与行政的分离。相反，威尔逊和古德诺都论述了政治与行政的协调关系。在这一时期，效率与公共性的价值之争并未凸显。

正统时期的西方行政学继承和发展了早期行政学的基本信念，认为经济和效率是行政管理的基本准则。泰勒和韦伯（Max. Weber）的理论深刻影响了这一时期的行政思想。"科学管理"理论和"官僚制"理论都重在强调组织的合理分工、层级节制、规则和程序、节约和高效等价值。在此之后的怀特（Leonard D. White）、古力克（Luther H. Gulick）、厄威克（Lyndall Urwick）等人都不同程度地强调了行政学研究的效率取向。由于正统时期的理论过于强调管理主义和效率原则，因而遭到了一些学者的批判和质疑。甚至怀特、古力克等人也意识到了行政学强调科学主义的潜在危险。这一时期的公共行政研究出现了关于效率和公共价值的争论萌芽。

公共行政学批判时期的争论正式聚焦于效率与公共性的取向之争，并由此引发了"管理主义"和"价值主义"的分野。最著名的当属长达半个世纪之久的"西蒙—沃尔多之争"，这是两种不同的公共行政研究路径之间的争论。两者的分歧既表现在学科层面上，更表现在公共行政实践的效率与民主价值目标上,而后一种分歧关乎公共行政学自身的合法性,更具根本意义。西蒙(Herbert A. Simon)和沃尔多(Dwight Waldo)都对正统行政研究遵循的原则提出了批判,但西蒙遵循的是以技术理性为特征的逻辑实证主义,而沃尔多则遵循以自由民主为特质的价值主义。"西沃之争"是公共行政领域两种研究范式之争的一种延续。

创新与探索时期的价值选择力图超越效率与公共性的价值之争。20世纪70年代以后,以弗雷德里克森(H. George Frederickson)为代表的"新公共行政"学派兴起,它正是在对传统公共行政"效率至上"原则进行不断反思和批判的基础上发展起来的。20世纪80年代,登哈特(Robert B. Denhardt)提出了"新公共服务"理论,这是一个充分重视民主、公民权和公共利益的理论框架,它既可以替代传统的公共行政管理模式,又可以替代目前占主导地位的管理主义公共行政模式(丁煌,2004)。

综上所述,公共行政研究大致是在"效率"和"公共价值"这两条相互对立、又彼此补充的方向上展开的,无论哪种路径对于公共行政学的发展都是不可或缺的。20世纪80年代后期,两种研究路径在批判的过程中彼此吸收对方的长处,努力寻求着两者的平衡点。

二、政府战略管理的价值取向

政府战略管理虽然兴起于遵循管理主义研究途径的"新公共管理"运动,但它同时将"公共价值"和"政治因素"纳入考虑范围,注重多元利益的平衡,强调政治回应和政治责任,在战略管理的每个环节都以实现公共价值为根本。从政府战略管理具备的固有特征可以明确其遵循的价值取向。

(一)对内外部环境进行系统分析

传统的公共管理理论重在关注组织的内部关系,如组织结构、组织体制、人事管理、组织规则等,而忽视了影响组织的外部环境。政府战略管理的最大特点就是将外部环境分析引入管理活动中,将内外整体环境看作行政系统的一部分。美国行政学家里格斯(Fred W. Riggs)分析了生态环境与公共行政发生相互作用的五大要素,即经济要素、社会要素、沟通网络、符号系统以及政治架构。他认为,经济要素是影响管理活动的第一要素;社会要素主要包括各种社会组织以及利益集团;沟通网络则包括社会的文化水平、适用语言的状况、社会舆论的力量以及通信和交通的状况等；符号系统主要指政治神话、政治准则、政治法典等一整套系统；政治架构主要指政治权力与行政权力之间的关系（里格斯，1978）。政府战略管理的环境系统也包括了以上互相影响的五大因素，只有对每种要素进行细致分析，才可能平衡各种关系和利益诉求，进而制定和调适符合管理实际的战略决策，以实现和创造公共价值。

（二）平衡多元利益需求

作为对传统公共管理途径的反叛，政府战略管理推崇政治回应和政治责任，尤其强调政治多元主义。正如赛德曼（Seidman，1970）所言"政府组织就如同一个微型社会，不可避免地反映着现实多元社会中的不同价值、力量甚至冲突。那种同质的、没有摩擦的组织结构的理想是一种危险的幻想"。因此，在多元利益需求间做出合理选择是政府时常要面对的问题，政府战略管理就是要平衡这些多元需求，接受社会公众的监督，以维护公平正义，实现公共利益的最大化。这本身也是对公共价值取向的认可和实践。

（三）强调战略与绩效的整合

将绩效管理纳入战略管理的全过程。组织战略的实现离不开绩效管理的激励，而绩效管理系统也必须与组织的战略目标密切联系才具有实际意义（方振邦等，2010：28）。政府要达到既定的使命和目标，不仅要制定有效的战略，更重要的是将战略付诸行动，确保战略目标的实现。绩效管理就是将战略转化为行动的过程，它可以借助重要的支持手段和工具保证战略的实施。同时战略管理也明确了绩效管理系统的目标与方向。如果政府没有明确的战略，或者绩效目标体系不是依据战略而制定，那么政府战略管理就无法顺利实施，公共价值的实现也就成为了空中楼阁。

（四）强调可持续发展的战略理念

战略是未来导向的，它既关注当前利益及发展，更着眼长远利益和可持续发展，作为公民权利代理人的政府更应如此。人类社会存续与发展、公平与正义、民主与自由等价值理念的实现，需要政府平衡当前需要和长远利益而做出全局谋略和规划，以实现人类社会的可持续发展。而可持续发展的理念正是遵循社会公平价值的最好例证。

政府战略管理的以上特征表明效率与公共性的价值追求并不是互不相容的，效率与公共性的价值选择问题不是非此即彼的关系，只是存在层次高低的差别，公共价值是其终极目标，而效率只是实现这一目标的必要手段和题中之义，两者是相互融通，互相促进的关系。处于转型期的地方政府，在追求经济增长、提高执政效率的同时，更要关注和了解社会公众的公共需求，在战略管理过程中力图平衡效率与公共价值的抽象对立，以创新性的工作方式实现最大化的公共价值。

第二节　地方政府领导者的战略思维

地方政府领导是战略管理的关键决策者和带头人，他们的思维观念直接影响到战略管理的总体水平。战略思维是研究全局性、长远性和根本性认识规律的思维方式，是人们分析和解决宏观性、前瞻性、政策性等重大战略问题的立场、观点和方法。战略思维的成熟与否，不仅直接影响着领导者观察、分析、判断事物运动变化发展的立场和观点，还影响着领导决策的科学性和正确性。地方政府领导者在战略管理中要具备五观，即系统观、历史观、国际观、科学观和创新观（如图4-2所示）。系统观是战略思维的核心，历史观和国际观为战略思维提供基本支撑，科学观和创新观是战略思维的延伸和提升。

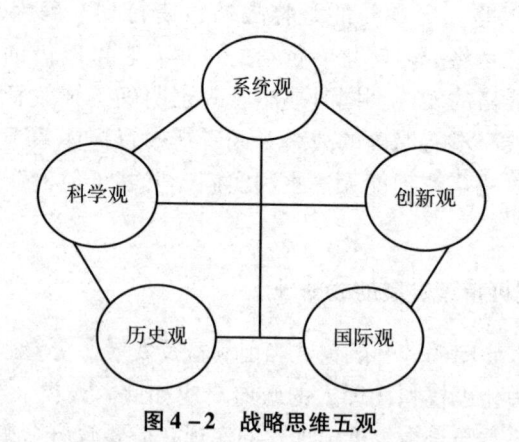

图4-2　战略思维五观

一、系统战略观

系统观的战略思维是要从整体上来考察战略管理的过程，尽可能全面地把握影响管理过程的各项因素。从系统和要素、要素和要素、系统和环境之间的相互关系和相互作用中综合考察认识客观对象。因此，系统观的战略思维既要坚持整体性原则又要遵循结构性原则。如果将地方政府战略管理看作一个系统，地方政府领导者需要从整体上处理好管理过程和阶段的关系；从结构上处理好系统和层次的关系。

战略管理过程是一个包括战略分析、战略制定、战略实施和战略评价的闭合循环系统。但这仅是一个从理论上划分的过程，地方领导在开展战略管理的实践中，程序并不一定从战略分析阶段开始，评价也并不总在战略的结尾才进行。战略管理过程从哪个阶段开始，战略目标在哪里形成并没有固定的形式，一切都以环境的变化而确定。地方领导者若不能从系统观的思维总揽战略管理的全局，极易形成机械化流程式的工作方式，从而导致忽视外部环境的机会或威胁。

从结构来看，地方政府领导在战略管理中要处理好系统与层次的关系。地方政府战略管理的顺利实施需要构筑纵横协同的关系结构，仅靠地方政府自身难以实现资源的整合与共享，战略实施的成败取决于组织结构的设计。地方政府领导者要将自身置于内外、上下和左右相互连接的关系网络上。内外关系网属于治理结构的范畴，上下左右关系网属于政府内部层级结构的范畴。地方政府战略管理的组织平台也就构筑在了各种组织关系搭建的纵横关系网上（如图4-3所示）。治理结构主要描述的是政府、社会与市场领域的多元主体之间的关系，治理是对"政府失灵""市场失灵"以及"社会失灵"的多重回应，在公共管理和公共服务中要引入市场和社会的力量才能实现真正的善治。纵向结构主要讨论不同层级政府的事权或职能范围及相互关系问题，而横向结构则关注每一层级政府与所属职能部门的职权和责任问题。地方政府领导者要以系统观的思维妥善定位自身在纵横组织结构中的位置，以协同共进的方式推动地方政府战略管理的实施。

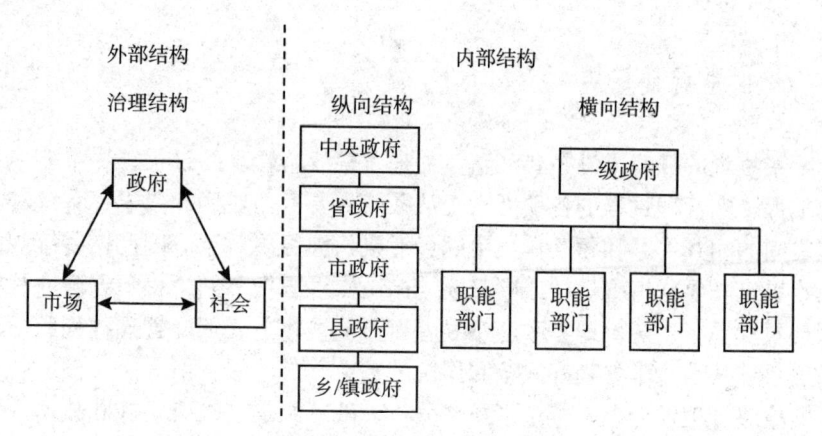

图4-3　地方政府战略管理的结构系统与层次

二、历史战略观

这里的历史观不是指哲学意义上的唯物史观或唯心史观，而是指地方政府领导者从各个历史时期发展的不同社会状况和社会变化的未来趋势来分析战略制定的历史背景。对组织的历史和发展趋势达成共识是进一步制定战略的前提。时间观的研究表明，回顾历史是预测未来的关键步骤。回溯的历史越久远，就可预见越远的未来时间。例如，对交通部门而言，了解过去发生的交通事故，并进行统计分析，可以帮助战略决策者更精确、更直观地描述此类事故出现的外部条件。因此，对历史的回顾有助于地方政府更准确地识别模糊不清的战略目标、制约因素、政治影响和权威网络。

系统科学表明，系统波动的原因是由延滞的负反馈结构造成的。现实系统中的因果关系通常存在一定的延滞，有的延滞时间短，对系统的影响可以忽略，而有些延滞时间较长，对系统的整体性带来重要影响。把握这种延滞的规律性，是地方政府做出科学决策，正确履行职能的基本保障。而对经济运行规律性的把握离不开对较长一段历史的分析，如通过对"大跃进"两年后的经济崩溃和后来经济发展中多次高涨与低落的总结和分析，可以认识到我们在经济建设中的基本过程，即加大投入推动GDP扩大，实现盈利，是一种投入大→规模大→盈利大→投入大……的反复循环模式。通过这种历史经验式的分析，地方可以认识到单纯依靠投资的扩大无法实现经济的可持续发展，从长远的战略性来考虑，基础设施的建设比直接的经济生产建设更为重要。以历史观为指导的经验总结和对未来趋势预测在政治、社会、文化等领域的战略管理中同样发挥着重要的作用。

三、国际战略观

中国的建设进程和速度一方面是由中国内部诸因素的相互作用决定的；另一方面，中国内部诸因素的相互作用又是以中国所拥有的国际环境为条件的，能否创造和利用国际上有利的条件，是决定中国现代化进程和发展速度的重要因素。地方政府要培育完善的市场经济，离不开国际化的视野和思维。因为市场经济是一种开放式的经济形式，随着现代科学技术的进步，全球经济联系和技术往来突破了国家、地区和民族的范畴，经济运行中的生产、交换和消费等环节都变成国际性的活动。在这种背景下，任何一种国家或地区经济资源的配置，发展战略的谋划都必须立足于全球的视野。发展经济比以往任何时候都需要考虑全球、宏观和全局。

四、科学战略观

科学观着眼于丰富发展内涵、创新发展理念、开拓发展思路、破解发展难题。地方政府在转型期的各项改革中遇到了各种各样的问题，例如，自主创新能力不强；经济结构不合理，粗放型增长方式没有改变；盲目投资、低水平重复建设现象严重；生产力和科技教育水平总体上比较落后；农业基础薄弱，农民收入增长缓慢等。要正确处理这些矛盾和问题，需要地方领导者以科学的思维方式寻找经济周期性波动的规律，分析问题存在的根源。然而，当前许多地方领导仍然重视经济的增长，干部政绩考核也鼓励地方趋于表面的短期行为，长此以往，经济发展会失去后劲。有计划地放慢经济增长速度，把发展战略中心转向基础设施建设和科技教育投入方面，会提升地方的综合实力，进而保证地方经济社会的可持续发展（如图 4-4 所示）。从可持续发展的系统动力模式图可以看出，持续发展的深层问题在于如何保持对基础建设和系统综合品质的持续投入和提高。这个模型分析提示地方政府领导要具备科学观的战略思维，对未来经济发展的规模和速度，要提出战略性的规划和预测，提前进行与发展速度相配套的基础性准备，以综合实力和创新力来推动经济社会的全面可持续发展。

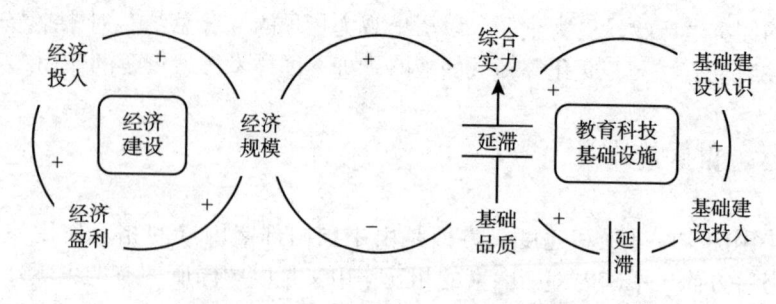

图 4-4 可持续发展的系统动力学模式

资料来源：段培君：《战略思维：理论和方法》，中共中央党校出版社 2011 年版，第 110 页。

五、创新战略观

创新观是思维主体在创新意识的推动下，以已获得的信息、经验、知识等感性认识为基础，借助科学的思维方式和方法，灵活运用想象、联想、直觉和灵感等思维手段产生新的思路，从而形成有一定应用价值的新观点、新理论、新方法等创新成果的思维过程。创新思维是保证地方政府领导者战略决策充满活力的重要因素。进入 21 世纪以来，创新战略已经被许多国家上升到国家战略的高度，成为提高国际竞争力的关键。改革开放以来，我国经济快速发展，但主要靠资金高投入和资源高消耗作为支撑。科技自主创新能力的薄弱，日益成为制约我国经济社会健康发展的瓶颈。要实现经济结构的调整和经济发展方式的转变，就需要深入实施科教兴国战略和人才强国战略，充分发挥科技第一生产力和人才第一资源的作用，提高教育现代化水平，增强自主创新能力，推动发展向主要依靠科技进步、劳动者素质提高、管理创新转变，加快建设创新型国家。

地方政府领导者运用战略思维进行战略规划和管理时，必须以客观事实为依据，全面把握与战略实施有关的各种条件、内外环境，明确目的，制定战略目标，并考虑、准备各种力量和手段，建立起目标和手段之间的联系，恰当地运用好各种力量以实现战略目标。战略思维既是一种思维能力、思维方式和思维艺术，又是一种主体素质和思想境界。地方领导者需要在不断的实践和学习中提高战略能力、运用战略思维，不断提高总揽全局、驾驭全局的本领。

第三节 战略议题管理的张力观

与私人部门追求利润的单一目标不同,政府管理的内容纷繁复杂,追求的目标具有价值多元性,且这些多元目标通常是模糊的、相互冲突和难以取舍的,加之外部政治力量的介入,更增加了目标间的张力。这些张力存在于从战略分析、战略制定、战略实施到战略评价的全过程,既有目标体系间的张力,也有利益主体间的张力,还有资源配置的张力等,各种各样的张力将组织拉向不同的方向。将战略管理置于张力场中思考,不仅可以避免战略管理者忽视对立力量中的一极或多极,尽可能平衡各种合理需求,而且可以使战略管理者从一些琐碎的细节中脱离开来,去关注对全局发展更具关键意义的战略性问题。因此,如何识别和调和这些张力,是贯穿于战略管理过程的重要问题,也是保证组织成功实现既定战略目标的关键所在,考验着政府战略管理者的平衡艺术。本节将对政府战略管理中的张力概念、特征、类型、产生机制等进行阐述。

一、张力的概念、特征与分类

(一) 张力的概念

张力在物理学中指某物体受到拉力后产生的一种内部牵引力,这一概念被应用于建筑学、医学、心理学等领域。后来,张力思想被管理学领域广泛应用,如勒温(Kurt Lewin)的"力场分析法"被应用于组织变革领域。力场分析将组织变革的力量分为方向相反的驱动力和阻碍力,管理者可运用这一方法对组织变革中的力量平衡情况进行调查,识别重要的利益相关者,对变革的可能性及过程做出判断。另外,彼得·圣吉(Peter M. Senge, 2001)提出的"愿景张力"以及决策领域的"对抗式决策模式"都含有张力思想。在公共部门战略管理领域最早引入张力概念的是纳特和巴可夫,他们将张力看作识别战略议题的工具,将议题定义为"两种新情况间的张力,这两种新情况代表了组织内部或组织与环境间的两极对抗与矛盾"。他们根据战略管理者注意力的方向及其审视问题的方式,将组织面临的新情况的类型划分成公平(人力资源需要)、保持(维持传统)、转变（创新与变革）、生产力（合理的程序）四类，将四种新情况进行两两组合，可以产生六种不同的张力类型。纳特和巴可夫的张力分析框架为战略管理者提供了全景式审视环境、寻找重要议题的工具方法。

基于前人的研究以及中国政府战略管理的特殊性，我们在本书中将张力定义为由悖论而导致的组织中存在的各种对立力量。所谓的悖论是指对某件事存在两个言之成理的解释，每个解释的论证都非常具有说服力，但把它们放到一起，则相互矛盾，这两个解释间的矛盾就是一个悖论。但悖论并不意味着要在各种解释之间做出选择，而是考虑如何通过变革对组织中的紧张关系进行缓解和调和。例如，在一定条件下，经济增长与通货膨胀之间会形成张力。一定的通胀率是维持经济发展的动力，但超过一定度的通货膨胀则会带来严重的危害，首当其冲的就是物价，当物价涨幅超过经济发展增幅时，高成本会影响到企业生产的积极性，进而实体经济受到严重影响。因此，要处理好经济增长和通货膨胀两者之间的张力关系，既要保持适度的经济增长速度，促进就业增长，又要使通货膨胀保持在经济可承受的水平上。把握和维持两者平衡的"度"，而不是极力消除其中一方，是缓解这一张力的应有之道。

（二）张力的特征

1. 内容的冲突性。

张力本质上是指两种或多种相互对立的力量，内容上表现为一定的冲突性。这种对立与冲突可能是基于不同的利益需求，基于不同信仰，也可能是基于不同的情感需求，抑或是多种因素的混合。张力通常难以调和和解决，因为张力的任何一极都似乎言之成理，而将他们放到一起就出现矛盾。例如在城市周边修建垃圾处理厂，对垃圾的集中处理和城市环境的改善是一个利好，但对于垃圾场选址的周边居民却是一个难以接受的选择。如何在不同的利益需求间取得平衡是缓解张力的关键。但并不能据此认为张力一定表现为紧张、剧烈的敌对状态，大部分张力以不同意见的对立形式而存在，只有当某些事件触发或引爆时，张力才会以强烈的对抗形式显现。

2. 形式的多样性。

战略管理中的张力表现为多种多样的形式，有利益主体间的张力，有战略目标间的张力，还有解决方案间的张力等，这些形式各异的张力通常需要战略管理者以不同的审视方法去解决。利益主体间的张力主要表现为主体的立场、价值观的差异，与当事人的切身利益直接相关，这类张力需要战略管理者同时考虑和照顾到利益对立的各方，否则战略可能会因任何一方的阻碍而难以推进；战略目标间的张力主要表现为多元价值间的张力，如既要实现经济的发展又要符合环保的要求，既要控制通货膨胀又要保证高就业率等都属于目标张力，要解决这类张力，战略管理者首先要在多元目标间进行排序，按照轻重缓急的顺序选择最需要解决的问题。但这并不是最优选择，从长远发展来看，要最终实现目标间的平衡需要战略管理者创新管理手段和方法。解决方案间的张力通常表现为有效性和合法性的张力，有的解决方案符合"成本—效益"分析，但可能会损害社会的公平正义原则，而有些方案可能会最大可能地照顾到各方利益，但会超出预算支出。

3. 存在的普遍性。

张力在政府战略管理中表现为一种常态化的存在形式，现存张力的解决可能又会引发新张力的产生，战略管理活动始终处于一个大的张力场中。从这个意义上来讲，政府战略管理就是对各种张力的管理。回避相互冲突的对立力量，回避张力引发的对立面只能使战略管理陷入更大的困境。承认并接受张力存在的普遍性，才能积极寻找平衡张力的双赢或多赢策略，从而为战略管理者赢得主动权。

4. 效应的双重性。

将张力看作机会还是威胁会产生不同的效果，张力并不总是负面的、消极的，甚至是破坏性的。它通常具有双重效用，例如限制地方保护主义可能在短期不利于保护本地企业的发展，但政府若将这一规定看作鼓励企业增强市场竞争力的契机，虽然会有阵痛，但对企业做大、做强，进而走向全国甚至国际市场是一个难得的发展机遇。因此，战略管理者要尽量从正面和积极的视角审视张力，发现张力中蕴藏的机会，将张力可能产生的威胁转化为组织发展的机遇。

（三）张力的分类

按照张力产生的原因、张力的影响力、张力的属性以及张力的可识别程度，可以将张力划分为不同类型（如表 4-1 所示）。对张力进行区分，可以帮助战略管理者明确张力产生的具体原因，明确哪些是主导性张力，哪些是次级张力和弱张力，并抓住那些创造性张力带来的机会，规避威胁性张力的破坏力，还能激发战略管理者发挥主观能动性，探寻隐藏在表象背后的隐张力，将预期可能发生的冲突加以遏制和解决。

1. 按张力产生的原因可分为：利益驱动型张力、情感驱动型张力、文化驱动型张力。

利益驱动型张力是由于各主体为争夺现实或预期利益而产生的，这是实践中最常见的一种张力类型。在政府战略管理中，这类张力具体表现为公共利益、集团利益与个体利益的冲突。例如，发展低碳经济，转变经济发展方式是人类可持续发展的共同利益诉求，但在这个转变的背后存在着以转型企业为代表的集团利益与可持续发展的公共利益之间的张力。因为发展低碳经济需要企业购进先进设备和技术，从短期看这不仅会增加企业成本，而且影响员工收入，如果政府没有考虑到企业员工的利益，低碳发展的战略就难以推行。情感驱动型张力产生于某类主体的情感需求和情感依赖。例如，库区拆迁中的移民政策可能会引发搬迁群众的情感张力，远离故土，离开祖祖辈辈生活的地方，爱国情与亲情、友情和乡情之间产生了张力，情感驱动型的张力可能需要更长的时间来关注和弥补。文化驱动型张力源于各主体在风俗、信仰、地域传统等方面的文化差异。

表 4-1 不同划分标准的张力类型

划分标准	张力类型
产生原因	利益驱动型张力 情感驱动型张力 文化驱动型张力
影响力	主导张力 次级张力 弱张力
属性	创造性张力 威胁性张力
识别度	显张力 隐张力

2. 按张力的影响力可分为：主导张力、次级张力、弱张力。

就一项战略决策而言，并非只存在一对张力，例如高校扩招这一政策的出台可能会引发扩招与师资投入间的张力、与校园扩建的张力、与就业的张力等多极张力。但这些多极张力对战略议题的影响通常存在着层次差异，扩招前期由于学生数量剧增，因此校园扩建与扩招的张力会超越其他张力成为主导性张力，教师资源与扩招的张力虽然也存在，但在硬件资源还未解决和满足的条件下，这一张力还属于次级影响力的张力。在扩招与就业间有一个大学四年的缓冲期，而且扩招前的就业空缺还能容纳吸收新扩招的毕业生，因此就业与扩招间的张力会在扩招后的较长一段时间内才会显现，因此这一张力在扩招前期属于弱张力。但三种张力在一定条件下是相互转换的，主导张力并不总是占据主导，当它得到缓解或者有新事件发生时，都可能使次级张力或弱张力成为新的主导张力，而原来的主导张力则成为次级张力或弱张力。战略管理者不仅要明确每段时期的主导张力、次级张力和弱张力，而且要把握三者间的动态变化，根据张力影响力的转换及时调整战略方向。

3. 按张力的属性可分为：创造性张力、威胁性张力。

尽管张力包含了两种或多种相互对立的力量，但这并不代表所有的张力都是具有破坏性的，我们把那些能够创造机会的张力称作创造性张力。中国加入WTO后，政府和企业将逐渐置身于经济全球化的浪潮中，若将这一挑战看作一种创造性张力，政府可以抓住外向型经济发展的机遇，制定更加稳定和透明的宏观经济政策，为民族企业走向国际化提供更有利的政策环境；而那些具有直接破坏力且难以或不可能阻止其发生的张力称为威胁性张力。社会群体性事件反映的官民矛盾即属于威胁性张力，无论是由拆迁、征地引起的维权行为，还是由企业改制、转产引发的工人抗争，抑或是由环保问题引起的集体行动，实质上都反映了公权力与个体利益之间的冲突。威胁性张力的存在，从一定程度上激化了官民矛盾，直接影响了和谐社会的建设。

4. 按战略的可识别程度可分为：显张力、隐张力。

显张力是指具有较高鲜明度且容易被管理者感知和识别的张力；隐张力则指那些鲜明度较低、管理者难以感知和识别的张力。影响张力鲜明度的重要因素除了管理者自身的悟性和洞察力外，还与引发张力的诱因信号有关。重要统计指标的变化，或者重大及危机性事件引发的张力通常以显张力的形式被管理者识别，而那些诱因信号较弱或隐藏在暂时平静的表象背后的张力则难以受到管理者的关注。在现实中，恰恰是那些不易被察觉的隐张力潜藏着巨大的机会或威胁，战略管理者要提高识别隐张力的能力，尽量发挥创造性隐张力的正面积极作用，抑制威胁性隐张力的破坏性消极作用。但由于复杂因素的影响，战略管理者在识别隐张力时通常需要克服一些现实困境，如信息不对称、政治利益的干扰以及一些技术性问题的存在。

二、战略议题张力的产生机制

（一）战略议题

议题在战略管理中的角色就相当于问题在解决方案中的角色（纳特，巴可夫，2010：100）。在制定战略之前，需要首先创立符合环境需要的正确议题，才能制定解决议题的战略方案，启动战略管理的程序。因此，理解议题是制定战略，进行战略管理的基础和前提。但在现实中，议题通常隐藏在一大堆混乱无序的信号中，有的信号比较微弱，隐藏于表象的背后，但这些议题可能对组织的发展意义重大，战略管理者可能会错过这些微弱的信号。比如政府可能更易于应付公众要求增加就业岗位的呼声，而忽略了结构性失业的潜在原因，这些原因可能包括技术的进步、劳动力成本的提高，抑或是教育模式与社会需求的脱节，等等，意识不到这些根本性张力，政府组织就很难找到问题的症结。用张力来描述议题可以为战略管理者提供全面的、多角度的问题识别的方法。

用张力来描述议题，即将议题看作是由新情况引发的对立面。引发对立面的趋势或事件称为"诱因"，随着事件的扩大，各种对立力量开始聚集，当对立力量中的各极不断壮大，并引起社会广泛关注时，即触发了议题的发生装置，公共议题开始进入到政府议程（如图4-5所示）。当然，一个议题中可能包含多种张力，要阐明一个议题，需要对议题中包含的各种张力加以说明。

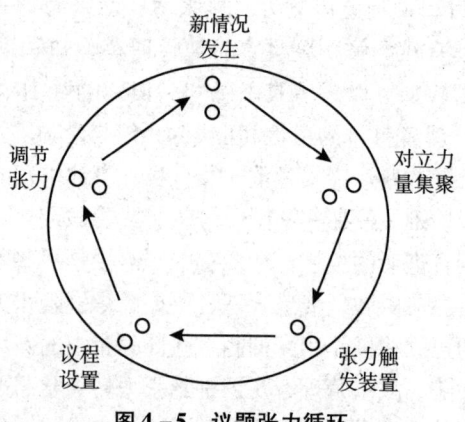

图4-5 议题张力循环

（二）引发张力的主体

根据政府在战略管理中面临的权威网络，将引发张力的主体归纳为政治权威、利益集团、社会公众和媒体。政治权威主要来自立法者和上级拨款单位。他们握有议程设置和规划审查的法定权力，同时作为战略决策系统的核心，政治权威对政府的战略管理活动具有直接导向作用。在我国，地方政府面临的政治权威网络主要有党委、人大、上级政府及上级主管部门。例如地方政府的交通部门，除了接受本级政府及党委的领导，还在业务上接受上级交通部门的工作指导；如要出台部门规划还要通过本级人大的审查和批准。在我国职责同构的组织结构安排下，地方政府及其职能部门面临着复杂的政治权威网络，它们都可能成为引发张力的主体。

利益团体是指在特定环境下具有共同目标和利益的人，为向政府施压而结合在一起的团体。他们通过各种形式的活动影响政府的决策行为。有利益的地方，就可能存在利益团体，正如戴维·杜鲁门（David·B. Treman）所言"哪里存在利益分歧，哪里就存在产生利益团体的可能性"。中国利益团体的作用正在凸显，其政治化趋向也日趋明显。相比其他社会个体，利益团体掌握更多的信息和资源，为其影响政府决策过程提供了充足的条件。尽管我国没有像西方社会那样具有明显利益之争的利益集团，但某些社会团体以及民间社团组织等有时会起着利益集团的作用。他们对政府战略决策的影响主要是通过两种途径来实现，一是利用本集团成员的政治地位和社会影响力来影响法律、法规的制定和执行；二是利用个人拥有的社会关系网，直接或间接影响政府的立法活动。特别是某些垄断利益团体，就是利用并通过这种关系网中的亲戚关系、同学关系，或是上下级关系直接或间接接触立法决策者，表达其利益诉求，使之通过有利于自身的法律（邢乐勤、顾艳芳，2010）。随着民主和法治的发展，利益集团在地方政府战略管理中的影响力日益增加，成为议题张力的重要引发主体。

公众是公共服务和产品的直接接受者，也是政府部门服务的直接对象，自然成为政府战略管理中引发张力的重要主体。由于普通公众在话语权上的弱势地位，使得其表达利益需求的声音经常被淹没和忽视。当他们有强烈的需求无法向政府传达时，通常会爆发群体运动来引起社会和政府的关注。群体运动的方式有多种形式，如集体上访、静坐请愿、游行示威、罢工、扰乱社会秩序等。随着网络的普及和发展以及微时代的到来，普通公众表达利益需求、建言献策渠道更加便捷和畅通，某一事件发生后，通过网络传播，便可迅速形成强大的公共舆论，进而引起更多的社会成员参与到事件中，最终形成较大的群体性事件。还有一些群体性事件仅局限于网络的讨论，但由于参与者的广泛性和影响力，迫使国家机关和当事人不得不采取某些应对行动。

大众传媒通过影响民意间接影响政府战略决策。媒体通过对某一问题或事件的宣传和放大将少数人的问题转变为公共问题，当某一问题受到社会的广泛关注并被普遍认为是政府分内的事情，强大的舆论压力会促使政府的决策系统开始关注来自社会的愿望和要求。"在某种意义上，报纸是形成所在地议题的最主要的提议者，它在决定大多数人将要谈论什么、大多数人对事实会有什么看法以及大多数人对处理面对的问题会有什么想法方面起着重要作用"（转自刘伟，2010）。大众传媒是公众情绪的催化剂，不管媒体报道的内容是否属实，它制造舆论的强大功能是不可否认的。政府领导及管理者也会因媒体的高曝光率转而关注某些社会事件和问题，了解社会公众的需求。

（三）议题张力的触发装置

引发张力的主体可以看作议题产生的发起人，但一项公共问题要最终进入政府议程取决于发起人与触发装置之间的相互作用。总结现实经验，可以将触发议题张力的事件概况为三类，即政治动员、突发性社会事件以及重大自然灾害。政治动员是指一定的动员主体，在特定的环境中，运用各种动员方式去激发客体的积极性和主动性，利用各种社会资源，以期实现特定的政治目标的行为和过程（张建涛，2010），它是一种自上而下的触发议题张力的形式。新中国成立初期，政治动员在稳定巩固政权，恢复经济发展方面发挥了重要作用。重大社会事件是指突然发生的能引发社会连锁反应和严重后果，并可能危及社会稳定的恶性危害事件（王超、佘廉，2005），如公共卫生安全事件（SARS、禽流感事件）、重大特大安全生产事故（矿井瓦斯爆炸、油气泄漏）、内部改革引发的聚众扰民事件以及邪恶势力操纵的恐怖事件等都属于此类。重大自然灾害事件是指自然异常变化造成的人员伤亡、财产损失、社会失稳、资源破坏等现象的一系列事件，如特大地震、特大冰雹山洪泥石流、暴雨洪涝灾害等。自然灾害虽然不是人力所能制止，但是社会的自然灾害应急救助体系却能体现和反映政府的应急管理能力。

三、议题张力分析框架

纳特和巴可夫根据战略管理者注意力的方向及其审视问题的方法,将组织面临的新情况划分为公平(人力资源需要)、保持(维持传统)、转变(创新与变革)、生产力(合理的程序)四种类型,四种新情况两两组合,即形成六种张力(纳特、巴可夫,2010)。这一分析框架将组织面临的各种冲突明朗化,并鼓励组织成员多元化且激发更具创造力的思考,最终促成双赢策略(尧浩根,2007)。但从四种新情况的内容来看,纳特和巴可夫的张力分析框架主要服务于行政组织的变革需要。借鉴纳特和巴可夫张力分析框架的理念和方法,结合中国地方政府战略管理的实际情况,构建基于战略目标的张力分析框架。以政府关注的方向和战略目标指向为二维坐标的两个维度,将战略管理者可能面临的多元目标分为四类。本书之所以选择这两个维度是因为:其一,战略目标是政府战略管理的核心要素,不明确战略目标及其多元目标间的相互关系会导致组织陷入议题选择的困境;其二,与私人组织不同,政府组织的战略目标模糊、冲突且具有不确定性,是引发张力的关键要素。如图4-6所示。

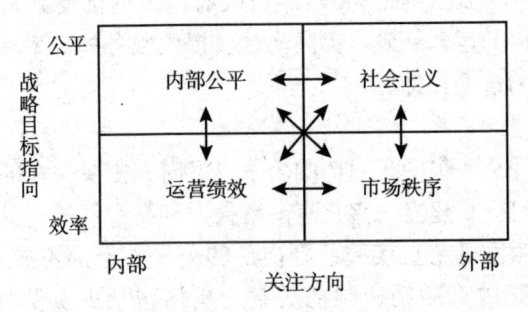

图4-6 张力分析框架

(一)引发目标张力的新情况

横坐标将关注方向分为内部和外部,当关注内部时,会聚焦于组织的运营状况和成果绩效;当关注外部时,战略管理者会关注外部权威网络的公共需求。纵坐标的战略目标指向是效率和公平。公平与效率是政府管理中价值取向争论的焦点问题,公共行政学的研究大致也是在这两条相互对立、又彼此补充的方向上展开的。现实中，政府经常面临着公平与效率的选择难题，如重大项目选址上，政府面临着经济发展和生态保护的效率与公平问题；在汽车尾号限行问题上，政府面临着汽车行业发展与市民生活质量的效率与公平难题；在高速路假期免费通行问题上，政府面临着出行效率与施惠于民的效率与公平难题，等等，类似于这样的两难困境经常会出现在政府战略管理中。我们将效率和公平放置于张力分析框架中，试图解释在这一张力影响下的政府多元目标间的相互关系，寻找解决路径，为实现多元价值间的平衡进行理论探索。通过以上两个维度进行类型学划分，可以将引发地方政府目标张力的新情况分为运营绩效、内部公平、市场秩序和社会正义四个方面。

1. 运行绩效。

当政府组织将战略目标指向内部的效率原则时，其关注的是组织内部的运营绩效，要达到的具体目标是以最少的成本获取最大的产出。新公共管理运动就是以实现政府高效运转的目标而兴起的，主张建立"企业化"政府，追求更加有效率和效用的管理方式。"这种政府愿意抛弃老的计划和方法，富有创新精神、想象力和创造性。它把市政府的职能机构变成挣钱者而不是大把支出的预算者；同私营部门一起工作；实行私有化；开办企业和实行创造收入的运作制度；以市场为导向；注重业绩的衡量；论功行赏"（奥斯本、盖布勒，2006）。当政府组织内部受到官僚组织结构的诟病时，关注内部运营绩效，提高向社会提供服务的效率和质量，是地方政府战略管理的重要目标之一。

2. 内部公平。

当政府将注意力集中于内部的公平目标时，主要关注的是人力资源的开发和管理，目标是建立一支具有高凝聚力和高士气的公务员队伍。政府组织采取何种激励机制直接关系到内部的公平。干部考核和公务员个人绩效考核制度是内部激励机制的关键，具体包括人员奖惩、职务升降、工资增减、培训和辞退等。只有建立和完善奖罚分明的考核制度，才能激发公务员群体实现政府战略目标的积极性。目前，我国干部考核中还存在着以经济考核为主的弊端，公务员激励机制也存在着工资制度僵化、职务常任制僵化、晋升制度僵化等问题（王金华，2005）。要建设一支高素质的人员队伍，需要冲破传统官僚制的弊端，探索创新公务员激励机制的新思路。由此，内部公平也就成了政府职能转型中的一项重要战略目标。

3. 市场秩序。

当政府将注意力转向外部效率视角时，主要关注建立有序的市场环境。尽管市场对资源配置起着基础性作用，但它自身存在的滞后性、自发性和盲目性的内在缺陷，需要政府通过经济的、行政的、法律的手段进行监管和调节，以维持市场的公平竞争秩序，为市场参与主体提供良好的交易环境。我国的市场经济秩序正处于完善阶段，政府作为经济体制转型的主导者有责任为市场秩序的维护采取积极必要的措施。

4. 社会正义。

当政府将注意力转向外部的公平目标时，实现社会的公平正义就成为其考虑的重点。国家和政府的公共性特征使其对社会正义负有义不容辞的责任，政府管理必须以社会正义为责任目标（仲崇盛，管淑侠，2009）。社会正义主要是强调对弱势群体的保护，关注弱势群体的生存保障和分配不公等问题（黎尔平，2008）。由于我国还处于经济转轨和社会转型的过程中，社会不公现象大量存在，实现社会正义还必须发挥政府的主导作用，政府需要将社会正义以制度化的规定体现在各类政策和规划中，将以人为本作为政府管理的基本理念。

（二）新情况间的目标张力

将运行绩效、内部公平、市场秩序、社会正义四种新情况进行组合，即可以形成六种不同的张力类型。即：运行绩效↔内部公平张力、运行绩效↔市场秩序张力、运行绩效↔社会正义张力、内部公平↔市场秩序张力、内部公平↔社会正义张力、市场秩序↔社会正义张力。每个议题中并非仅有一种张力，也有可能与全部六种张力相关联。诱因、张力、调节器提供了一条确定问题议程的途径（如图4-7所示）。

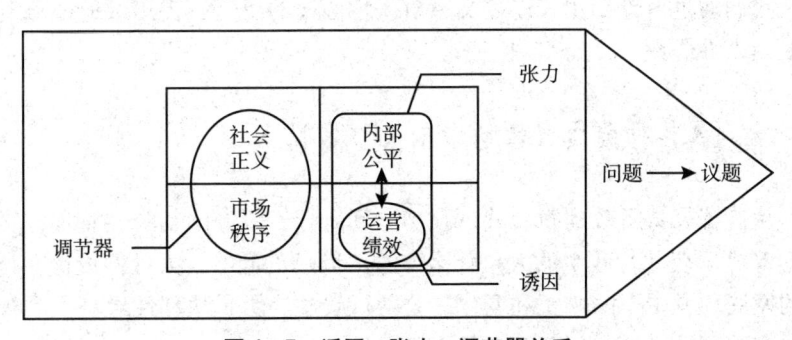

图4-7 诱因、张力、调节器关系

诱因是指引发了新情况的趋势或重大事件。例如，为适应市场经济的发展，最大限度地避免政府职能交叉、政出多门、多头管理的弊病，从而提高行政效率，降低行政成本，地方政府提出部门整合的改革思路。在目标张力模型中，这一事件的诱因即"运营绩效"。它可以与"内部公平""社会正义""市场秩序"分别形成"运行绩效↔内部公平""运行绩效↔社会正义""运行绩效↔市场秩序"三种张力。假设形成"运行绩效↔内部公平"张力，则张力相邻的两个框格充当调节器，它与张力直接相连，既可以加剧也可以缓和已有的张力。因此，"运行绩效↔内部公平"张力的调节器为"社会正义"和"市场秩序"。若是形成其他任何一种张力，分析原理相同。

第四节 利益相关者分析的多元人性假设

人性假设是地方政府战略管理模式构建必须要明确的理念，任何管理模式都以特定的人性假设为前提。人是具有自然属性、社会属性及文化属性的复杂体，只有将人放到特定的历史环境下才能对其行为有更客观全面的把握。处于社会转型期的地方政府，日益分化的社会阶层使其面临纷繁复杂的利益关系，并形成了各种利益集团。除此之外，地方政府本身也存在部门利益和个人利益。当政府面临相互冲突的利益需求时，究竟是满足特定集团的特殊利益还是满足大多数人的公共利益？当政府的自身利益与公共利益冲突时，究竟是满足政府部门或官僚个人的利益还是满足社会的共同利益？回答这些问题的前提在于明确对行为主体的人性假设，假设政府为"经济人"或"社会人"时，会得出不同甚至截然相反的答案。因此，我们通过讨论和比较以往文献对人性假设的研究，提出政府战略管理的多元人性假设。

一、公共行政研究领域中的人性假设

从传统公共行政到新公共行政，再到流行于西方的新公共管理，无不伴随着对"公共行政中的人是什么"这一问题的回答，人性假设也在行政学的发展历程中不断修正和变化。公共行政学经历了从理性经济人、行政人、有限理性经济人到公共人的人性假设。

理性经济人假设最早由亚当·斯密提出。这一假设认为人天生具有惰性,缺乏自制力,表现出以自我为中心的倾向,并以追求自身利益的最大化为根本目的。在这种假设下,管理学理论强调通过森严的法规和控制来规范"经济人"的行为。泰罗的"科学管理理论"是典型代表。这一思想对威尔逊、韦伯及其后来的传统行政学研究者有着重大的影响。早期公共行政理论以效率为中心即是这种思想的生动写照(陈永章,2008)。即使在当代的公共行政理论及实践中,仍然能看到"经济人"假设的影响。

行政人假设是在西蒙(Herbert A. Simon)关于"有限理性"的基础上提出的,他主张用有限理性的"行政人"来取代客观理性的"经济人"。西蒙将"行政人"看作是心理人和经济人的结合。心理人主要指个人的目的、动机、怪癖等,"个体决策时一方面会受到技能、习惯和那些没有意识到的条件反射的限制,另一方面也受到了价值观和影响他决策的那些目的概念的限制"(转自彭和平、竹立家,1997),因而决策结构并不总是合理的和最优的。西蒙认为,与经济人的最大限度的理性相比,行政人只具有有限理性,他不可能把握决策环境的所有方面及其相互关系,也不能穷尽所有的方案,只能从现有的方案中选择相对满意的办法。

公共选择学派的经济人假设。发端于 20 世纪 50 年代的公共选择学派,将经济人假设引入到政治领域,用以分析政治选举中的投票人及代理人行为。公共选择理论认为,经济市场上的个体主要通过货币来选择能给他带来最大满足的私人物品;而政治市场上的人们则通过选票来选择能给他带来最大效用的公共物品,认为政治市场上的当事人也是追求自身效用最大化的个体。正如布坎南所说:"经济学的探究方法假定,无论在市场活动中还是在政治活动中,人都是追求效用最大化的人"。公共选择学派的"经济人"实际上是政治人和经济的人的结合,即经济人在政治领域中的运用和发展。公共选择学派假设政治领域中的经济人既有物质欲求又有权力和名誉追求,但在他们追求效用最大化的过程中,其行为会受来自政治市场上的多方面限制,因而其行为更多的是在对多方进行权衡取舍后的有限理性选择。

针对"经济人"假设存在的弊端,有学者又提出了"公共人"的人性假设。"公共人"假设行政人员始终以公共利益为重,权力的代理人要对权力的委托人负责,公职人员在公共领域中扮演的是服务公众的"公仆"角色。"一个共和国的公民,对于公共的福利应该有无限的热情,并且应当认为每一个公民手里都掌握着国家的一切权利"（孟德斯鸠，1961）。"公共人"是人民的代表、公仆或代理人，追求的目标是社会公共利益最大化，运用的主要资源是公共权力，"公共人"要承担公共责任，并处于公共监督之下（吴金群，2003）。

二、多元人假设的界定

无论是"经济人""行政人"还是"公共人"都将人看作具有单一特性的主体，完全排除人性中包含的其他成分，是一种"极点式的人性假设"。这种假设从人性中不变的一个极点出发，使研究问题简化，这在方法论上富有启迪意义，然而在操作层面针对具体研究对象进行制度设计时，仍然需要回到经验中的人性来讨论（陈庆云等，2005）。因此，在讨论与实践密切相关的政府战略管理模式时有必要提出更符合实际情况的人性假设。美国学者沙因（Edgar H. Schein, 1957）在充分考虑到人性、工作性质、组织情境等管理过程固有的复杂性后，提出了"复杂人"的人性假设。他认为，不仅人们的需要与潜在欲望是多种多样的，而且这些需要的模式也是随着年龄与发展阶段的变迁，随着所扮演的角色的变化，随着所处境遇及人际关系的演变而不断变化的。"复杂人"假设以动态和权变的观点观察和解释人的行为，迈出了人性假设向现实逼近的第一步。但另一方面，"复杂人"对人性过于权变的假设又太过笼统，难以为制度设计提供操作性指导。"多元人"假设则在一定程度上克服了这一缺陷。

任何人性假设都符合"需求—利益—行为"的必然逻辑（汪波，2006），在特定的需求下产生与之相对应的利益诉求，对利益的追求指导当事人做出一定的行为。在经济人假设条件下，人们的物质需求占第一位，为满足物质需求会衍生自私自利的行为以满足个体利益。但政府公职人员所处的环境是以公共权力为载体的公共领域，他们除了有追求个体利益的动机外，还有追求社会公平正义的公共精神需求，来自物质和精神的双重需求使政府公职人员处于多元利益结构中，包括以整体社会为中心的公共利益、以特定集团为中心的集团利益和以政府部门和行政人员为中心的个体利益，三种利益在形式上共存，实质内容上相互冲突。政府行政人员对以上三种利益的不同追求反映了人性中的三种状态，即对应公共利益的"公共人"，对应集团利益的"团体人"和对应个体利益的"自利人"。

在现实的行政管理活动中，政府的行为和决策究竟是侧重于公共利益、集团利益还是个体利益，政府行政人员究竟是公共人、团体人还是自利人，取决于既定的制度环境、权力分配的方式以及参与主体之间的动态博弈。因此，我们将这种因条件而异的人性假设称为"多元人"假设（如图4-8所示）。

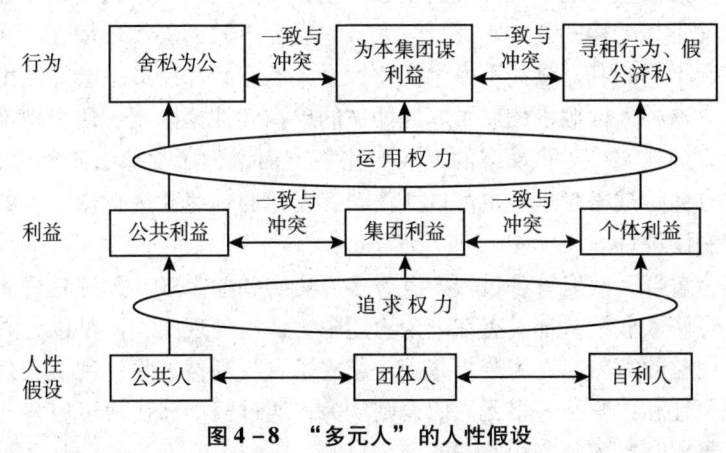

```
行为      舍私为公  ──一致与冲突──  为本集团谋利益  ──一致与冲突──  寻租行为、假公济私
                          运用权力
利益      公共利益  ──一致与冲突──  集团利益        ──一致与冲突──  个体利益
                          追求权力
人性假设  公共人    ←──────────→   团体人          ←──────────→    自利人
```

图4-8 "多元人"的人性假设

资料来源：根据汪波：《政治学基本人性假设的再探讨》，载《浙江社会科学》2006年第7期相关内容改编。

在多元人的人性假设条件下，政府战略管理是对不同利益集团之间力量对比产生的均衡。随着民主法治的发展和完善，政府以个体或部门利益为中心的行为将受到越来越多的限制，而以公共利益为中心的政府行为也将受到越来越多的鼓励，政府行为将朝着更加理性的方向发展，社会也会不断地趋向于公平正义与和谐发展。

三、多元人假设提出的价值

多元人假设内涵有政府管理者在处理公共事务过程中面临的相互冲突的多元选择。与之前单一人性假设的"经济人""公共人""泛经济人"假设相比，多元人的人性假设更具比较性、动态性和多元性。

多元人性假设认为政府战略管理者的行为最终是在对各种利益进行权衡和比较后做出的选择。与市场领域自由竞争的环境不同，政府行政活动中的政治因素对行为人的影响更为关键。公共利益的实现固然是政府执政的根本目标，但由于在实现公共利益的过程中充满了来自各利益群体的不同声音，作为决策者的政府官员需要在这些不同的政见中寻求一个最满意的平衡点，因此他不仅要比较不同利益倾向的动机和行为过程，还要比较方案选择的实际结果。多元人的行为是综合比较各种过程和结果后的选择。

多元人假设体现了人性中的动态变化，所谓的多元人既不是单纯的经济人，又不是纯粹的公共人或行政人。它会在不同的决策环境、不同的制度安排和不同的利益格局下发生变化，个人的选择和决策也会呈现出一定的差异。这种人性假设摆脱了非此即彼的单一人性论限制，使得理论分析更接近客观现实。尽管动态的人性变化一方面增加了战略管理的复杂性，但另一方面，战略管理者也可以抓住动态变化的规律性进行创造性的管理活动和制度设计。

毋庸置疑，政府管理过程中有着多元化的利益需求，无论是公共人假设还是经济人假设，都没有在理论论述中承认这种现实，而是以公共利益与个人利益的简单对立为分析基础，忽视了自我利益、集体利益和公共利益的统一性和关联性。多元人假设则认为，通过权衡和比较可以实现自我利益、集团利益和公共利益的整合。

第五章

地方政府战略管理的协作治理结构

从公共行政理论的发展来看,每一种管理模式都有与之相对应的组织结构,如以韦伯(Max Weber)为代表的官僚制理论对应科层组织结构,以奥斯本等人为代表的新公共管理理论对应分权化的组织结构,以布坎南(James Buchanan)为代表的公共选择理论和以希克斯(Perri Hicks)为代表的整体政府理论对应协同组织结构。钱德勒(1963)在其《战略与结构》一书中认为"战略决定结构,结构跟随战略"。一个互动的、复杂的、多样的社会政治体系也应该由一个动态的、多样的治理体系来管理、协调和控制(Kooiman,1993)。因此,构建中国地方政府战略管理模式,必须讨论地方政府的治理结构。关于治理尚无统一的定义,它大致是指一种能够推动政府、社团、企业和公民个人相互合作、共同实施对公共领域的管理的制度安排和一套与此相关的操作技术。地方政府治理即为"治理权威在市场、政府和第三部门之间的分化和扩散,以及在政府体系内部通过行政权力和责任的下放来增进地方政府的经济性、灵活性和回应性,其实质是治理权从国家中心主义向多中心化和多层次化的变迁过程"(徐越倩等,2008)。由此可以看出,地方政府治理结构涉及地方政府与多元主体之间的互动关系和协同机制,包括地方政府与社会、市场的制约与合作,以及地方政府与中央政府、其他地方政府间的分权与合作。就地方政府战略管理而言,不同的战略问题类型需要不同的治理结构与之对应。本章在划分地方政府战略管理问题类型的基础上,分别讨论不同问题类型所对应的内部或外部治理结构。

第一节 地方政府战略管理的问题类型

根据环境情况和协作的方向将地方政府战略问题划分为四类(如图5-1所示)。环境维度的两个变量是常规环境和动荡环境。自劳伦斯与洛尔斯

(Paul R. Lawrence & Jay W. Lorsch)在《组织与环境》（1967年）一书中提出"理性—权变模型"以来，权变理论得到许多战略管理研究者的认同和提倡。斯科特（Scott，1981）在《组织：理想、自然与开放系统》一书中将权变理论的思想概括为："什么是最好的组织方法，取决于组织所必须面对的环境具有什么样的特性"。组织结构变革和权变管理理论都主张不存在完美的组织结构，组织结构的变革必须根据组织内外部环境要素的变化来进行相应的调整，只有设计出与环境相适应的组织结构才能取得较好的组织效能。因此，我们将环境作为划分战略问题的维度之一。协作方向维度的两个变量是内部协作和外部协作。内部协作是指地方政府间及其与中央政府间的合作关系。外部协作主要指地方政府与非政府组织、企业等第二和第三部门的合作关系。根据以上两个维度，可以将地方政府战略管理的问题类型划分为四类，即重大社会事件类问题、基础设施供给问题、重大经济、政治事件类问题、跨域协作治理问题。需要指出的是，现实世界中并不存在界限清晰的战略问题类型，只是在多大程度上更接近某一种基本类型。使用类型学的分类方法更多的是为理论解释提供方便。

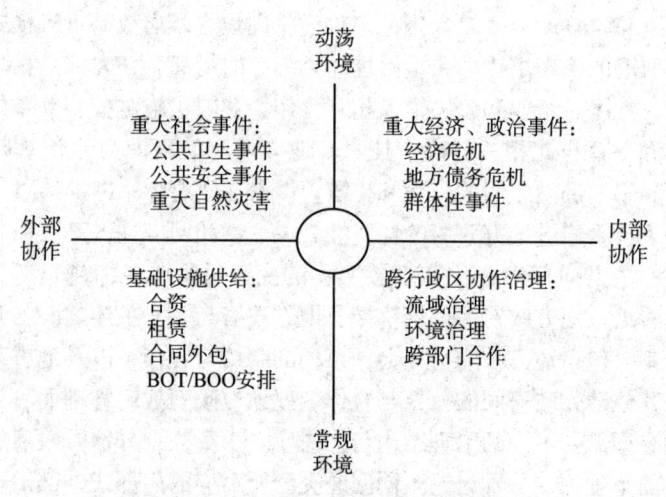

```
                    动荡
                    环境

    重大社会事件：          重大经济、政治事件：
    公共卫生事件            经济危机
    公共安全事件            地方债务危机
    重大自然灾害            群体性事件
外部                                        内部
协作          ○                              协作
    基础设施供给：          跨行政区协作治理：
    合资                    流域治理
    租赁                    环境治理
    合同外包                跨部门合作
    BOT/BOO安排

                    常规
                    环境
```

图 5-1　地方政府战略管理的问题类型

一、重大社会事件类问题

重大社会事件类问题对应于动荡环境下的外部协作治理结构。这类问题主要包括公共卫生事件、公共安全事件、重大自然灾害等具有广泛社会危害性的突发事件。SARS、禽流感、矿难、地震、海啸等都属于此类。2008年，汶川地震造成的直接经济损失达8452亿元人民币，确认有69227人遇难，374643人受伤，失踪人数为17923人，① 并给受灾区的民众带来了难以承受的心理负担。这类具有突发性、紧急性、巨大危害性的事件属于地方政府的重大且紧急的战略问题。

在很长一段时间内，我国地方政府对这类问题的管理主要以内部协作为主，实行分部门、分灾种的单一救援机制。组织结构主要以条块结合为主，由中央设立的应急管理牵头部门统一指挥，地方政府积极配合（如"非典"）；一些对专业性、技术性要求不强的突发事件（如突发社会安全事件）以地方政府为主，中央部委进行配合（薛澜等，2005）。当面对时间紧急、影响广泛、破坏巨大的危机事件时，仅靠政府自身的力量难以应对复杂情况，必须实现危机管理参与主体的多元化，调动一切可以调动的社会力量和资源来应对危机，以弥补政府功能之不足，减低政府救治成本（曹现强、赵宁，2004）。在2018年党和国家机构改革中，新组建成立了应急管理部，整合了以往分散在11个部门的13项不同领域的应急救援职责，在推进大应急体系建设上迈出了重要一步。发挥社会力量，构建政府与社会组织、企业和公众有机协作的外部协作治理结构是应对高度不确定环境的必然趋势。

二、基础设施供给问题

基础设施供给问题对应于常规环境下的外部协作治理结构，随着经济社会的发展以及政府职能的转变，传统的行政垄断式的基础设施供给方式已不适应时代发展的需求，公私合作制逐渐成为基础设施供给的有效制度安排。基础设施特征主要包括：（1）对人民生活和经济社会发展具有重要的战略性意义，如通信、能源供应、交通、排水处理等；（2）投资巨大，建设周期长；（3）通常属于公共物品的范畴，具有非排他性的特征，例如灯塔或航行灯标，一旦建成就很难将这些设备提供的保护作用限定在为此类设施付费的人群内，容易造成"搭便车"现象；（4）基础设施建设具有规模效应，容易引起自然垄断。基础设施固有的战略性、非排他性、垄断性及投资巨大的特点是公私合作实现的前提。公私合作制的本质是充分发挥政府和私人部门各自的禀赋优势，进行相互合作的制度安排。在这种

---

① 汶川特大地震四川抗震救灾志编纂委员会编：《汶川特大地震四川抗震救灾志·总述大事记》，四川人民出版社2017年版，第6~35页。

制度安排下，产业运营主要由私人部门主导，明显提高了基础设施的经营效率；与此同时，政府掌握制定规则的权力，在市场准入、价格形成和公共服务方面对运营企业进行监管和督促。这是一种兼顾效率和公平的合作方式，是一种旨在增加基础设施供给的"公私合作伙伴关系"。根据阿盖尔等（Argyle et al.，1999）的分类，基础设施被分为经济基础设施和社会基础设施，每一类中又分硬（实体形式）和软基础设施（如表5-1所示）。公私合作最常见的方式有合资、租赁、合同外包、BOO/BOT 安排等，每一类合作方式中公、私部门间的权责分配都存在差异。例如，发电站和电信市场存在竞争或有相近的替代品，所以采用完全私营化的方式是最合适的；供水、电力运输和电力分配的市场竞争不充分，通常采用特许经营更为适宜。具体采取哪种合作方式，要视基础设施的类型和地方政府的现实情况而定。

表5-1　　　　　　　　　　基础设施分类

	硬	软
经济	道路 高速公路 桥梁 港口 铁路 机场 电信 电力	职业培训 金融制度 研发促进 技术转让 出口援助
社会	医院 学校 供水 住房 排水 儿童保健 监狱 养老院	社会保障 社区服务 环保机构

资料来源：[英]达霖·格里姆赛，[澳]莫文·K·刘易斯：《公司合作伙伴关系：基础设施供给和项目融资的全球革命》，济邦咨询公司译，中国人民大学出版社2008年版，第19页。

三、重大经济、政治事件问题

重大经济、政治事件类问题对应于动荡环境下的内部协作治理结构。这类战略性问题需要地方政府在上级的统一领导下协作一致地开展工作。一般包括重大经济危机、社会群体性事件、政治运动等。2008年，为应对国际金融危机对我国经济的不利影响，中央出台扩大内需促进经济增长的十条措施，国家计划投资 4 万亿元用于保障性住房建设等七个民生项目上，4 万亿元投资中不仅有来自中央的投资，还包括地方财政预算及中央财政代发地方政府债券等形式的地方投资，并且中央成立专门检查组，对地方的投资进行监督和管理。① 在严峻的经济危机下，各地方作为有机经济体的组成部分，必须在中央的统一部署下，出台上下一致的应对危机的各项政策，地方政府与中央政府在应对危机的战略方向上应保持一致。

群体性事件也属于这类问题类型。随着经济体制及社会结构的转型，新的社会矛盾呈现出规模扩大、方式激烈、参与人员多、社会影响力大等特点。在有的群体性事件中参与人员常常达到成百上千，甚至上万人。但在紧急情势下，仅靠基层政府的力量难以在短时间内平复事态，组成上下联合的应急指挥小组有利于在紧急时刻采取一切可能的措施，防止事态的进一步恶化。

四、跨行政区协作治理问题

跨行政区协作治理问题对应于常规环境下的内部协作治理结构。跨行政区协作治理包含两层内涵：一是从纵向来看，在区域经济一体化、全球化和市场化的过程中，按照区域经济联系，通过组建拥有超越地方政府或地方行政管辖区权限的相关机构或采取其他协商手段，有效处理跨行政区边界地区的区域性公共事务，如基础设施建设、环境保护、区域规划衔接等。2005 年，发生在太湖流域的蓝藻事件就是条块分割、多头治理造成的生态悲剧，其本质是流域生态区与行政区之间关系的不相耦合。太湖属于三省一市，每个省市都按自己的标准进行治理，无法打通区域隔阂，对各行政区间的治理资源进行协调。类似于蓝藻事件的跨流域治理是这类问题类型的典型代表。二是从横向来看，同级地方政府或政府职能部门之间，从管理系统整体特征出发，协同开展横向协商与联合行动，以防止多头管理、各自为政及相互推诿等现象，全面提高跨部门协作的水平和效率。早在 2007 年底，北京市原崇文区政府推出《关于建立综合执法机制的工作方案》，将城市管理执法中心下移，组建涵盖 26 个执法部门的集中执法队伍，确定了 8 个常驻部门及 16 个挂牌部门，常驻部门抽调人员加入街道

---

① 《国务院常务会议确定扩大内需促进经济增长 10 措施》，新华网，2008 年 11 月 9 日。

综合执法组,挂牌部门安排联系人,做到随叫随到。① 这种综合执法组的团队作战模式,使各个部门的职权集中对接,大大地提高了执法的效率和质量。因此,在行政区划相对稳定的情况下,跨行政区治理结构的重建与公共政策的创新,是解决类似问题的核心与关键。

第二节 地方政府战略管理的外部治理结构

地方政府战略管理的外部治理结构是指地方政府与外部多元参与主体之间的互动关系和协同结构,主要体现为政府、市场、社会三者之间的制度安排。但对应于不同环境下的战略问题,三者之间的结构安排也存在差异。本节首先阐释政府、市场、社会互动关系下形成的治理格局,然后分别对危机环境和常规环境下的外部治理结构进行具体分析。

一、政府、市场、社会的合作治理格局

治理实质上是对"政府失灵""市场失灵"和"社会失灵"的多重回应。治理理论兴起于西方分权改革的浪潮中,它反映了西方社会整合权力的、非权力的多种管理工具以达到善治的目的。尽管将治理应用于当前的中国还存在质疑,但在社会多元化、分层化发展的背景和趋势下,仅靠政府不足以达到善治的目标,建立政府、市场、社会相互补充的新型治理格局是大势所趋。要处理好政府、市场、社会在治理结构中的权责关系,需要首先明确三者之间的相对界限或各自的优势。奥斯本与盖布勒总结概括了政府部门、私人部门、第三部门的适用范围(如表5-2所示)。

表5-2 政府部门、私人、第三部门的适用范围

(E:有效果;I:无效果;D:取决于环境)

	公共部门	私人部门	第三部门
最适合政府部门	—	—	—
政策管理	E	I	D

---

① 刘长欣:《首都城市管理告别单兵作战》,人民网,2013年10月10日,http://politics.people.com.cn/n/2013/1010/c70731-23146074.html。

续表

	公共部门	私人部门	第三部门
管理实施	E	I	D
实行公平	E	I	E
防止歧视	E	D	D
防止剥削	E	I	D
提高社会凝聚力	E	I	E
最适合私人部门	—	—	—
经济的任务	I	E	D
投资任务	I	E	D
产生利润	I	E	D
提高自足能力	I	E	D
最适合第三部门	—	—	—
社会的事务	D	I	E
影响志愿劳动的任务	D	I	E
产生微利的任务	D	I	E
提高个人的责任心	I	D	E
加强社区	D	I	E
提高对他人福利的责任心	D	I	E

资料来源：[美] 戴维·奥斯本、特德·盖布勒：《改革政府》，上海市政协编译组、东方编译所编译，上海译文出版社1996年版，第330~331页。

政府部门在政策管理、实施监督、维护公平、防止歧视和剥削、提高社会凝聚力方面要优于私人部门和第三部门；私人部门则在发展经济、进行投资、创造利润等方面优于其他两大部门；第三部门最适合的则是社会事务、志愿劳动、具有爱心和责任心的任务、产生微利的任务。地方政府战略管理者要努力建立起三者之间相互补充的促进关系，充分发挥每一个主体在社会治理中的优势。在共同治理的格局下，三者之间是相互补充，互相促进的关系（如图5-2所示）。

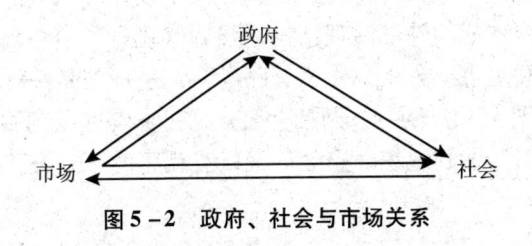

图5-2 政府、社会与市场关系

政府与市场的关系（曾峻，2006）。市场对政府：（1）市场主体在市场机制的作用下能够生产和提供民众所需的各种私人物品和服务项目，实现物质繁荣；（2）市场是政府财政经费的主要来源。市场在创造物质财富的同时，也为政府提供了坚实的经济基础；（3）市场主体可以参与到公共服务的生产过程中去，分担政府压力；同时相对成熟和规范的市场主体有助于减少公共服务民营化中可能出现的弊端。政府对市场：（1）政府界定和保护产权，这是市场机制发挥作用的前提；（2）政府实施宏观调控、市场监管、建立社会保障体系、保护生态环境，可以弥补市场机制的缺陷。

政府与社会的关系（曾峻，2006）。社会对政府：（1）社会组织可以实现社会的自治和自我管理，减轻了政府管理的压力；（2）第三部门的发育提高了社会的组织化程度，政府不用面对无数分散的个体，而只需和数量有限的社会组织打交道；（3）第三部门的繁荣有助于维护良好的人际关系，促进社会信任，增加社会资本。政府对社会：（1）政府为第三部门提供经济支持。财政拨款、购买服务、对第三部门非营利收入给予免税优惠属于直接支持；设置税种、税率引导私人企业和民众向非营利组织捐赠则属于间接支持；（2）政府对第三部门实施监管，涉及环节从注册登记、治理结构直到收入申报、经费支出。

社会与市场的关系。社会对市场：第三部门可以帮助企业搞好社区关系，树立环保意识，帮助企业提高道德指数；市场对社会：在政府税收政策的引导下，企业捐赠是社会组织获得经费的重要渠道。这被认为是市场一次分配、政府二次分配后的第三次分配。

在构建政府、市场、社会共同治理格局的同时，要认识到中国体制的特殊性。中国是先有政府，然后由政府培育和发展起市场和社会。尽管从历史比较来看，中国的市场经济体制有了长足的进步，但与发达市场经济体相比还较脆弱。市场的不完善也会在资金支持方面限制社会的发展。在市场和社会还处于不成熟期时，政府自然在三者的关系中处于主导地位。因此，在划分政府、市场与社会的权责关系时，需要坚持以政府为主，市场和社会为辅的基本原则。从以上论述可以总结，由政府、非营利组织、企业、社会公众构成的外部治理结构，强调以政府为中心，各种社会力量在政府的监督和约束下分工协作、有序参与，呈现的是一种多中心集聚式治理结构（如图5-3所示）。即社会公众通过参与非营利组织或结成社团参与社会治理，非营利组织、企业等又以有秩序的正式方式接受政府的统一组织和安排。

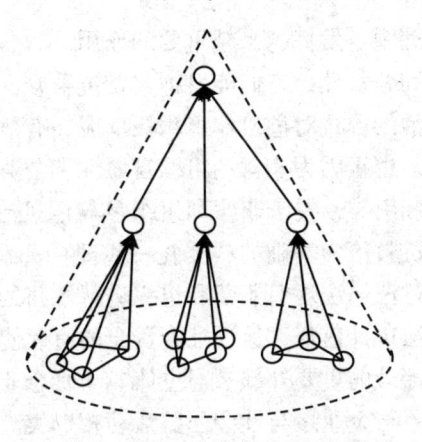

图 5-3 多中心集聚式外部治理结构

二、动荡环境下的外部治理结构

从过程角度来看,危机治理需要从事前防范、事中化解和事后恢复几个阶段入手。但如果危机事件已发生,那么化解危机就成为核心。在我国现阶段的体制下,政府作为公共服务的主要提供者、公共政策的制定者、公共权力的行使者,在公共危机事件中处于领导和指挥的核心地位。在明确政府主导地位的前提下,如何对危机治理外部参与主体的权责进行建构与调适成为危机环境下外部治理结构的核心问题。总结重大自然灾害事件、公共卫生事件及公共安全事件的危机治理情况,可以明确外部参与主体包括非营利组织、企业、社会公众、国际组织及公共媒体。我们分别对政府及其外部参与主体在危机治理中的权责安排进行阐释。

目前,我国建立了从中央到省、市的公共应急管理机构,这些机构在平时制定危机预案。一旦危机爆发,按照响应等级成立指挥中心,负责指挥、协调各部门、各机构的救援行为。政府在危机治理中的权责划分主要体现在纵向权力的安排上。在确保中央集权的前提下,采取"属地管理"的原则,低一级的公共危机事件一般启动市县级危机应急机制,如果危机升级,则启动高一级的省级危机应急机制,甚至是国家危机应急机制。由于我国实行单一制的政治体制,危机发生后,很容易形成上下联动的应急管理体制,政府内部的权责划分已相对完善。在此主要讨论各外部参与主体在危机治理中的地位。

非营利组织是最重要的危机治理参与主体。随着民主进程的加快,非营利组织在危机治理中正发挥越来越重要的作用。非营利组织参与危机治理主要出于自愿性和公益性,它们能发挥其贴近群众、组织有序、专业性强的优势,以最灵活的方式对危机作出积极反应,有效地弥补政府官僚组织结构的固有缺陷。也正因为非营利组织自愿性和公益性的特点,政府应该给它一定的鼓励和引导,授予非营利组织参与危机治理的权力,使之与政府之间形成以危机救治为基础的"委托—代理"关系(周晓丽,2008)。另外,政府也要通过法律法规对非营利组织进行严格的监督和约束,并对其财务状况进行依法审计监督,保证社会资金的有效使用。

企业也是危机治理的重要外部参与主体。尽管企业是以利润最大化为根本目标,但这并不与企业参与社会公益活动相冲突。在非典、雪灾及地震的救援中都有企业的身影;在松花江水污染的治理过程中,若没有多家活性炭生产厂家及纯净水生产厂家的捐赠,停水和缺水造成的社会恐慌将是难以预料的。企业参与危机治理可能不会有直接的物质收益,但从长远来看,增加了企业品牌的知名度和美誉度,更是企业具备高度社会责任感的集中体现,企业在危机治理中所获取的这些社会资本可以促进企业获取更大的经济收益。政府作为外部参与主体的监督者,在鼓励企业等营利组织积极参与危机治理的同时,也要考虑到企业的自利性性质,对其进行严格的制约和监督。例如,防止企业在提供救援物资时出现以次充好,假冒伪劣,恶意抬高物价等行为。

社会公众参与危机治理的作用主要体现在自救能力方面。如果一个社会的公众面对危机威胁时表现出整体脆弱的状况,将会给政府的救援工作增添极大的难度。社会公众若能在平时就有极强的危机防范意识,危机发生时又可以联合起来形成自救的力量,那么不仅会减少政府救援工作的压力,而且可以最大可能地保证人身安全和财产安全。因此,政府在事前要加强对公众危机防范意识的传输,并进行危机处理的专业培训,并吸收那些素质高、危机处理能力高的公众参与到社团组织中,通过有组织的正式渠道参与危机救援。另外,政府也应制定相应的法律法规明确个体在危机状态下的行为准则,对个人在危机救治中的违法行为进行严厉制裁,防止在混乱中发生抢劫、争夺救援物资等行为。

公共媒体在危机治理中一方面充当政府的宣传工具,另一方面也可以及时把公众的需要反映到决策层,是信息提供、宣传沟通以及危机预警的重要参与力量。媒体可以发现并向政府通报危机事件,积极配合政府行为,有效引导社会舆论,为政府树立良好形象,以赢得公众支持。但是,公共媒体也是一把双刃剑，它既可以成为真实信息的传递者，也可能成为更大危机的制造者。因此，政府在危机治理中要定期举行新闻发布会，防止媒体的任意猜测。同时要确保发布的信息符合事实，不要给媒体自行解释的余地，并通过规章制度引导媒体从业者坚守职业道德，维护社会公正。

三、常规环境下的外部治理结构

常规环境下的外部治理主要针对的是以基础设施为主体的公共物品和服务的供给问题。人类生产和发展所需要的物品和服务可以根据是否具有使用上的排他性和消费上的竞争性分为四种类型（如图 5-4 所示）。

	使用上的排他性	
	是	否
消费上的竞争性 是	私人物品和服务：食物、保健、娱乐	共享物品和服务：水、森林、牧场
消费上的竞争性 否	收费物品和服务：高速公路、俱乐部	公共物品和服务：国防、国家安全

图 5-4　物品和服务的基本类型

私人物品和服务，如食物、保健、娱乐等；共享物品和服务，如水、森林、牧场等；收费物品和服务，如高速公路、俱乐部等；公共物品和服务，如国防、国家安全和法律等。对物品和服务进行类型划分，其目的是明确什么类型的物品和服务适合由什么性质的组织提供。私人物品和服务由于具有竞争性和排他性，可以交由市场中的企业去提供；纯粹的公共物品和服务由国家或中央政府提供；对地方政府而言，主要考虑提供共享物品和服务以及收费物品和服务。因此，我们主要讨论由地方政府承担的公共物品和服务的提供方式。

对于收费类公共物品和共享类公共物品可以由政府、私人组织和第三部门合作提供。根据萨瓦斯对民营化制度连续体的描述（如图 5-5 所示），由私人提供与私人生产的制度安排包括自我服务、志愿服务和自由市场；公共提供与私人生产的制度安排包括特许经营、政府补助、政府赠券和合同外包；私人提供和公共生产的制度安排包括政府出售；公共提供与公共生产的制度安排包括政府服务和政府间关系（萨瓦斯，2002）。收费类公共物品和服务的提供方式主要有特许经营、合同外包、政府购买服务等。特许经营是政府在行政许可法律框架内授予私人部门以排他性的经营特许权，允许其直接向公众提供产品或服务。具体形式包括BOT（建设—经营—转让）模式、合资模式、TOT（转让—经营—转让）模式等。最常见的是BOT模式，它由政府向私人机构或其他有资质的机构颁布特许，允许其在一定时期内筹集资金，建设某一基础设施，并管理和经营该设施及其相应的产品与服务。整个过程中的风险由政府和私人机构分担。当特许期限结束时，私人机构按约定将该设施移交给政府部门，转由政府指定部门经营和管理。合同外包是政府将公共服务或者行政领域的部分事务，通过与私人部门或非政府组织签订契约的形式，委托给民间承包商运营。在合同外包的过程中，政府的责任是确定需要什么，然后依照所签订的合同，监督合同的履行，并在双方履行合同义务后支付报酬。政府购买公共服务是将原由政府直接举办的，为社会发展和人民生活提供服务的事项交给有资质的社会组织或私人部门来完成，并根据社会组织提供服务的数量和质量，按照一定的标准进行评估后支付费用，是一种"政府承担、定向委托、合同管理、评估兑现"的新型公共物品提供方式。

自我服务	志愿服务	自由市场	特许经营	政府赠券	政府补助	合同外包	政府出售	政府间协议	政府服务

民营化 ──────────────── 制度安排 ──────────────▶ 国有化

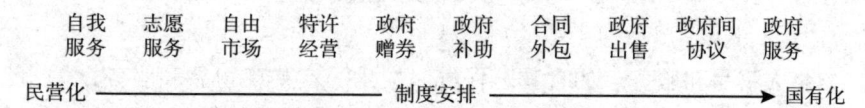

图5-5 民营化的制度连续体

资料来源：[美] E. S. 萨瓦斯：《民营化与公司部门的伙伴关系》，周志忍等译，中国人民大学出版社2002年版，第104页。

在公私合作提供公共物品的制度安排中，尽管公共产品和服务是由私人部门或第三部门提供，但政府仍起着主导作用。政府要为公共物品的私人供给者提供制度激励。如针对地区环境治理问题，政府可通过补贴、转移支付等方式激励私人主体投资环保事业。同时，政府要对提供公共产品的企业或社会组织进行必要的管制，防止经营者利用垄断地位抬高价格。

第三节 地方政府战略管理的内部治理结构

一、中国政府间关系与权力配置

讨论地方政府战略管理的内部治理结构首先需要了解政府间关系及其权力配置状况。在单一制的组织结构下,中央政府及上级政府设定的制度框架决定了地方治理的空间和治理过程,这是今后相当长时间内中国地方治理的制度基础,也是研究中国地方治理必须关注的问题(马斌,2009)。在我国,中央政府的事权范围主要包括:(1)国防、外交、国际合作、文化交流等国与国之间的事务;(2)全国性公共事务,如法治、宏观调控、政治动员等;(3)协调跨省区的公共事务,如跨省的流域治理、环境治理、基础设施建设等。除此之外的其他事务由省级以下地方政府负责管理。

中国地方政府的权力配置从根本上讲就是中央赋予地方政府权力的限度与范围。我国地方政府在职能配置上具有"职责同构"的鲜明特点。从省直、市、县直到乡镇,在组织机构同构的基础上,政府职责也高度统一。在《中华人民共和国地方各级人民代表大会和地方各级人民政府组织法》中列举每级政府职权的最后一条是"办理上级国家行政机关交办的其他事项"。这条简单的规定将政府的对内职责潜在地贯穿在整个政府体系之中(如表5-3所示)。从表中也可以看出不同层级政府在职能定位上的差异性,政府层级越高,其职能越倾向于政治层面的事务;政府层级越低,其职能与经济事务关联的程度就越大。

表5-3　　　　　　中国政府职权的纵向配置一览表

	中央	县级以上	乡镇
特有职权	中(二)、中(九)、中(十)、中(十二)、中(十五)、中(十六)、中(十八)	—	—

续表

		中央	县级以上	乡镇
共有职权	议行合一的政府行政	中（一）	县（一）	乡（一）
	社会管理	中（五）、中（六）、中（七）、中（八）	县（五）	乡（二）
	民族事务	中（十一）	县（八）	乡（五）
相邻两级以上共有权	县级以上 行政领导	中（三）、中（四）	县（二）	—
	县级以上 人事任免	中（十七）	县（四）	—
	县级以上 监督	中（十三）、中（十四）	县（三）	—
	省级及省级以下 财产保护	—	县（六）	乡（三）
	省级及省级以下 经济组织	—	县（七）	乡（四）
	省级及省级以下 上级交办事务	—	县（十）	乡（七）
	省级及省级以下 人权保护	—	县（九）	乡（六）

注：表中的中（一）指《中华人民共和国宪法》第八十九条规定的国务院职权的第一项，以此类推；县（一）指《中华人民共和国地方各级人民代表大会和地方各级人民政府组织法》第五十九条规定的县级以上地方政府职权的第一项，以此类推；乡（一）指《中华人民共和国地方各级人民代表大会和地方各级人民政府组织法》第六十一条规定的乡镇地方政府职权的第一项，以此类推。中央特有的七项职权主要是外交、国防、特别职权等政府对外职能的履行。

资料来源：马斌：《政府间关系：权力配置与地方治理》，浙江大学出版社2009年版，第82页。

  地方政府层级是地方政府间关系的重要反映，是地方政府的行政结构在纵向上的排列与衔接，体现了政府间行政上的领导关系、法律上的监督关系和地域上的包含关系，反映了各级政府间的隶属关系、体制关系、权限关系和职能关系。这种关系不仅反映在上下级地方政府之间，也反映在上下级政府部门的关系中。地方政府的层级设置，往往会影响到地方政府间关系是否协调、权力结构是否合理科学、各级政府行政效率的高低，并最终影响到经济社会的发展。在层级关系体系中的层级有正式层级和准层级之分。由一级地方政府单位形成的层级是正式层级；由一级地方政府派出机关在固定区域内代表派出它的地方政府执行一种或多种职责时形成的层级，是非正式层级。中国的地方政府层级设置是由省、市、县、乡四级为主的纵向体制。近年来，省级以下地方政府的纵向关系面临着减少管理层次及相应的区划调整问题，比如省直管县改革、合并乡镇或乡镇自治，这对推进权力下放，增强基层政府的自主性是一个新的探索。为推动地方政府战略管理的有效实施，我国地方政府的内部治理结构应呈现为从中央向地方纵向分权以及各政府间横向协同的特点（如图5-6所示）。

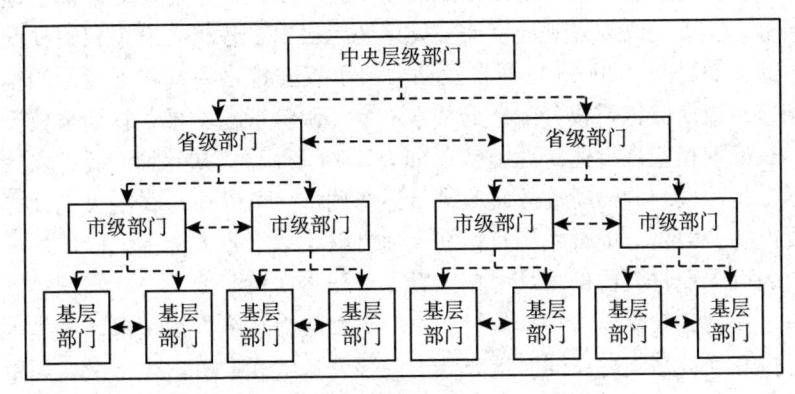

```
                        中央层级部门
                    ┌────────┴────────┐
                  省级部门          省级部门
              ┌─────┴─────┐    ┌─────┴─────┐
           市级部门   市级部门  市级部门   市级部门
           ┌─┴─┐    ┌─┴─┐    ┌─┴─┐    ┌─┴─┐
         基层 基层  基层 基层  基层 基层  基层 基层
         部门 部门  部门 部门  部门 部门  部门 部门
```

图5-6　分权协同型内部治理结构

二、动荡环境下的内部治理结构

动荡环境下的内部治理结构对应于宏观经济问题、重大社会事件等战略性问题。当前地方政府面临的最大的经济问题当属地方债务。据央行统计显示，截至2020年12月末，全国地方政府的负债超过25万亿元；2019年需偿还债券金额占公共财政收入比为28.69%，2019~2021年需偿还债券金额占公共财政收入比为101.06%。地方债务危机的造成与政府内部的治理结构不无关系。我国当前财税体制的最大问题是地方财权与事权的不匹配。1994年税制改革以来，地方财政收入占比从1993年的78%下降到2019年53.4%的水平，而地方财政支出从1993年的72%上升到2019年的84.7%，[①]中央和地方政府的"财政收支倒挂"现象比较严重。地方政府财力不足，不得不"借地生财"，造成严重的"土地财政依赖"。同时"短债长投"的特征也加大了地方政府短期还债压力和债务风险。[②]除经济风险外，地方政府还面临来自社会及政治方面的重大事件。由于当前地方政府的主要任务还是发展经济，实现经济发展方式的转型，因此，我们主要以地方政府的重大经济类事件为例，讨论纵向政府层级在财政管理体制方面的内部治理结构。

[①] 资料来源：2020年《中国财政年鉴》。
[②] 叶建国等：《中国地方政府负债超5万亿　面临严重债务危机》，载《中国经济周刊》2010年3月2日。

调整中央与地方的财权事权是优化内部治理结构的关键。由于我国国土面积广、地区差异大，财政体制改革不能一步到位，需要循序渐进地逐步调整。国家发改委宏观经济研究院课题组提出了各级政府事权财权配置改革的长期思路（2005），即在短期保持事权安排格局基本不变，调整财权配置；中期保持财权分配格局基本不变，调整事权安排；长期事权安排与财权配置相互进行适应性调整（如表5-4所示）。从短期来看，保持事权不变，对现行的财税返还政策进行适当调整。可以通过将中央对地方的税收返还、中央专项补贴等直接划入地方财政本级收入范围，以增加县级财政的可支配收入比例。从中期来看，对转移支付制度进行适当调整。如考虑建立义务教育专项转移支付，由中央财政为经济欠发达地区的教师工资提供专项转移支付；同时地方政府的部分基础性事权适当上缴，如中小学义务教育具有较强的社会溢出效应，不应仅由县、乡两级政府承担，需要与更高一级的政府共同承担。长期来看，允许地方政府的代理机构发行债券融资。地方政府作为一级预算单位，如果有需要并满足一定的条件，应该具备举债融资的权利，建立我国地方政府及代理机构债券制度。地方政府在发行公债时，必须经过中央政府相关部门批准，以防止地方政府债务向中央财政无限转嫁；事权方面，对政府层级设置进行适当的调整。事权的调整必然涉及政府层级的重新设计。

表5-4　　　　　各级政府事权、财权配置改革的战略步骤

	财权	事权
短期	对现行的财税返还政策进行适当的调整	保持不变
中期	对转移支付制度进行适当调整	地方政府的部分基础性事权适当上缴
长期	允许地方政府的代理机构发行债券融资	对政府层级设置进行适当调整

资料来源：根据国家发展改革委宏观经济研究院课题组研究成果整理。

三、常规环境下的内部治理结构

常规环境下的内部治理结构主要关涉跨行政区的协作治理问题。跨越行政区治理包括诸如基础设施、产业规划、社会保障、治安管理、公共安全、环境保护等问题，单个行政区政府很难在这些方面提供满足社会需求的公共服务。打破行政区划的刚性约束，积极主动地推动政府间孤立竞争向互动合作转变，是完善常规环境下内部治理结构的核心和关键。跨行政

区协作治理的主要内容包括：（1）地区发展目标与功能定位。在一个发展环境相似、区域相邻的地区，如果选择相同的发展目标和功能定位，可能造成恶性竞争、重复建设、资源浪费等问题，从长远来看不利于地区整体发展质量的提高。相邻行政区只有在尊重发展规律的前提下，沟通协商，实施差异化的发展战略，才能实现地区间的持久科学发展。（2）地区政策与规章制度的协调。要强化区域内的产业政策、税收政策、土地政策、环保政策的协调；同时在事关民生的关键领域构筑统一的制度框架，如实现户籍制度、就业制度、教育制度、医疗制度、社保制度在一定区域内的协调一致，保证劳动力的自由流动，加快地区融合发展。（3）地区间利益协调。利益协调主要关系到资源在地区间的分配。跨行政区的政府主体要从地方发展的长远利益出发，对区域内的资源分配形成制度化的规定，明确各利益主体的权利和责任，形成有效的利益协调机制。

由于跨行政区协作的利益关系比较复杂和敏感，因此，应针对不同区域范围的治理问题，构建跨行政区协调机制。以长三角和泛珠三角跨区组织机构设置为例进行说明（如表5-5所示）。第一，对跨行政区问题要设立以地方政府为指导的实体性组织或跨省机构（陶希东，2007），如长三角一体化发展领导小组，对跨省区的基础设施、产业调整、环境、交通等问题进行统一协调、规划与管理。对跨省区机构的成立要经过中央的法定批准，各成员省市政府必须严格遵守和执行相关规定。第二，加强跨行政区内的各相邻基层政府之间的互动与合作，争取在低一层的政府化解矛盾和冲突，达成最终一致。第三，建立跨行政区内政府部门间的协调机制，如规划部门、水资源管理部门、环保部门、交通部门、人事部门等，以解决具体政策领域内的战略协调问题。

表5-5　　　　　　　　　跨行政区组织协调机制与管理职责

跨行政区域	组织化协调机制	职责与内容
长江三角洲	1. 成立推动长三角一体化发展领导小组	统筹指导和综合协调长三角一体化发展战略实施，研究审议重大规划、重大政策和年度工作安排，协调解决重大问题，督促落实重大项目
	2. 上海市、江苏省、浙江省、安徽省成为发展的责任主体	明确工作分工，完善工作机制，落实工作责任，制定具体行动计划和专项推进方案

续表

跨行政区域	组织化协调机制	职责与内容
长江三角洲	3. 1+N规划政策体系	领导小组办公室会同三省一市和有关部门，依据本规划纲要，抓紧组织编制基础设施互联互通、科创产业协同发展、城乡区域融合发展、生态环境共同保护、公共服务便利共享等专项规划，组织制定实施长三角生态绿色一体化发展示范区总体方案、中国（上海）自由贸易试验区新片区建设方案，研究出台创新、产业、人才、投资、金融等配套政策和综合改革措施，推动形成1+N的规划和政策体系
泛珠江三角洲	1. 行政首长联席会议制度	研究区域合作规划；研究解决区域合作中需要协调的重大问题；审议决定重要文件等
	2. 行政首长联席会议秘书处	执行行政首长联席会议的决定和交办事项；负责秘书长协调制度的运作和相关事项的落实；指导、协调各成员方日常工作办公室、部门衔接落实制度的运作等
	3. 政府秘书长协调制度	负责协调"9+2"之间有关需要政府协调的具体合作事宜；指导政府各有关部门衔接落实推进合作的具体项目等
	4. 日常工作办公室工作制度	研究提出加快推进区域合作发展的政策、措施及建议；编制本地区参与区域合作的发展战略、发展规划、工作方案；就推进区域合作问题及时向各方政府提出思路和对策以及其他公众建议
	5. 部门衔接落实制度	负责对政府行政首长联席会议决定的与本部门有关的事宜制定相互衔接的具体工作方案、合作协议、专题计划；组织本部门编制推进合作发展的专题规划；不定期召开合作区域内对口部门衔接协调会议等

注："9+2"，包括广东、福建、江西、广西、海南、湖南、四川、云南、贵州9个省（区），再加上香港和澳门。

资料来源：中共中央、国务院：《长江三角洲区域一体化发展规划纲要》，2019年12月1日；《泛珠三角区域合作框架协议》，2004年6月3日。

第四节 地方政府战略管理决策委员会

战略管理决策委员会是开展战略管理活动的核心主体，同时也是战略制定的决策中心和战略执行的指挥中心。战略管理的成败在很大程度上取决于决策委员会的管理行为。

一、决策委员会的组织构成

决策委员会有时在原有的组织结构基础上形成,有时根据战略议题的需要从各部门抽调人员组成新的机构。一般说来,要引入的人员有首席执行官、高级雇员等,最多可引入三个层级的管理人员,通常还会引入理事会和利益相关者的代表(纳特、巴可夫,2010)。在我国,决策委员会中既有党委系列的人员又有政府行政人员,而且一般情况下,党委要高于政府。战略决策委员会的组成也会依政府层级及治理结构的差异而有所变化。

地方一级政府的战略决策委员会一般由党委领导或行政首长担任领导小组的组长,成员包括党委、政府的分管副职以及各职能部门的负责人。以地方五年规划编制工作领导小组为例,一般以省长、市长或县长为组长,以常务副市长及其他分管副市长任副组长,各职能部门的负责人为成员。领导小组办公室一般下设在发改部门。

地方政府职能部门的战略管理决策委员会一般由部门首长担任组长,成员包括战略议题涉及的各重要利益相关者。以地方政府的教育科学发展规划为例,负责该专项规划的领导小组组长由地方教育部门的厅长或局长担任,副组长由副厅长或副局长担任,成员包括教育部门的各处室负责人,以及与之相关地区的教育部门、科学研究院,还有大学机构的相关负责人等。

跨部门的战略决策委员会通常由战略发起的部门负责人担任组长,业务部门的负责人担任副组长,成员包括各职能部门及其他配合的组织单位。以地方政府的跨区域水资源综合规划为例,该规划涉及跨区域的发改部门、水利部门、国土资源部门、农业部门、环保部门等,组长一般由制定规划的地方政府的发改部门负责人担任,水利部门的相关负责人担任副组长,成员则由该地方政府以及区域内其他政府的相关职能部门负责人组成。

二、决策委员会的规模

决策委员会的规模依据战略行动的类别而定。纳特和巴可夫(2010)认为,战略管理小组的规模是 5~15 人,如果行动目的是评估和鉴定,则战略管理小组的规模以 5 个最为理想；若战略管理小组的行动属于发展性工作，则小组的规模应较大。规模较大的委员会相比较小的委员会需要更多的时间来进行各种妥协和折中（Hinton and Reitz, 1971）。人数较少的委员会处理问题的效率较高，当委员会规模扩大时，每个成员提出的建议数和达成一致的可能性就小了。但如果规模过小，虽然可能会提高决策效率，但也可能会降低决策的质量和民主化水平。中国各地方政府战略管理决策委员会的规模也各有差异，若战略规划属于事关地方经济社会发展的总体性规划，则规模较大，除了党委、政府的主要领导，还包括了所有职能部门的负责人。以县级政府为例，根据国家编制委员会 1983 年机构改革时的规定，县人民政府的机构可设 25 个委、局、办，小县还应少设。实际上，大多数县级党政机关已经超过了国家的编制要求，必设机构一般在 35 个左右，由此推算，总体性战略规划的决策委员会规模大约在 40 人左右；若地方政府战略管理涉及的是专项规划，则决策委员会的规模会相对较少，仅包括发改部门和相关业务部门的负责人，大致在 8~10 人。对于跨部门的战略管理，由于涉及部门和利益相关者较多，决策委员会的规模会相对较大，具体人数视战略管理的实际情况而定。

三、决策委员会关注的主要问题

决策委员会需要为战略管理指明发展方向，明确组织要扮演的战略角色以及当前和未来形势中存在的张力关系。为此，战略决策委员会需要（1）根据组织所处的环境以及组织的使命和目标，评估组织面临的优势、劣势、机会和威胁；（2）用张力描述组织当前面临的战略性议题，并根据重要性和紧急性进行排序；（3）为重要性议题设计备选战略；（4）对利益相关者、资源以及战略方案的风险性进行评估，以选择战略方案；（5）推动和监控战略实施。要实现以上步骤，战略决策委员会需要在每个阶段都搜集相关信息，充分听取基层意见，并对意见进行综合和提炼，根据其对形势的判断做出选择。

第六章

地方政府战略管理的过程分析

地方政府战略管理过程是一个包含战略分析、战略制定、战略实施和战略评价的闭路循环。四个环节只是一个理论上的划分，在实际的战略管理中并不存在界限清晰的多个阶段，也不存在运转有序的完整管理过程，有时程序并不一定从战略分析开始，评价也并不等到战略的结尾才开展；利益相关者分析也并不只是在环境分析和战略制定时进行，它贯穿于战略管理的全过程；战略目标并不是只在制定环节形成，随着环境的变化，管理过程中的任何阶段都有可能形成战略目标。因此，战略管理从哪里开始，目标在哪里形成都没有固定的形式，一切都以环境的变化而确定（如图6-1所示）。因此，本研究将战略管理的整个过程放在一个张力场域中进行分析，当战略管理的核心要素——目标、资源、结构形成张力时，战略管理者需要重新审视环境的变化，并对战略做出相应的调整。关于战略议题的张力分析本书在第四章中已进行了专门讨论，本章在此基础上对管理过程中每个阶段的管理理论、方法和工具分别进行阐释。

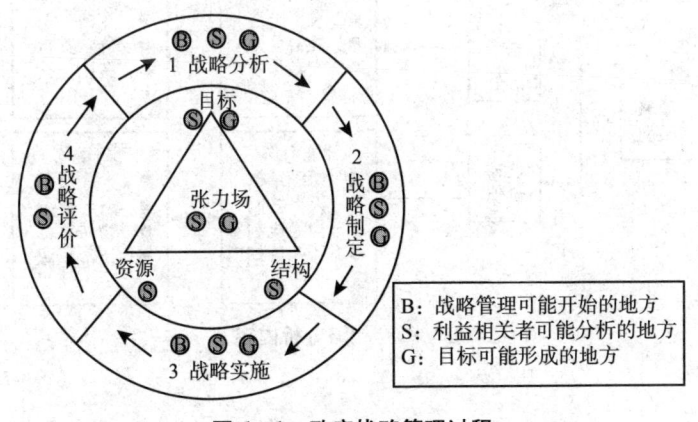

图6-1 政府战略管理过程

第一节 战略环境分析、使命陈述与目标设置

战略管理过程首先从战略分析开始,它包括战略发起、明确法律法规、使命和价值分析以及内外部环境分析(如图6-2所示)。其中,战略环境分析、使命陈述、目标设置是战略分析环节的关键内容。战略环境分析通常作为战略管理过程的开始,战略发起者的首要任务是对组织面临的内外部环境进行分析,他们需要宏观把握战略要达到的最终目标、参与战略决策的核心成员、关键利益相关者以及推动战略实施所必需的资源保证;明确法令法规是为了确保公共战略是在合法的框架下推进的,同时这也保证了组织在推进战略的过程中明确自己的首要职责是什么;使命价值的阐述可以使组织明确其应满足的社会或政治需求(赵景华、李宇环,2011)。用语言文字陈述的使命可能非常简短,但使命陈述的形成则要经过长时间的酝酿。战略决策委员会需要在讨论组织的认同、长远目标、关键利益相关者所期望的反应、组织哲学、核心价值以及组织的伦理标准等问题的基础上确立组织所要承担的使命(布莱森,2010)。本节首先对政府战略管理的环境分析方法进行介绍;然后从可能性战略观的视角讨论政府战略管理的理想、价值与使命;最后对公共需求层次进行分类并提出战略目标设置的方法。

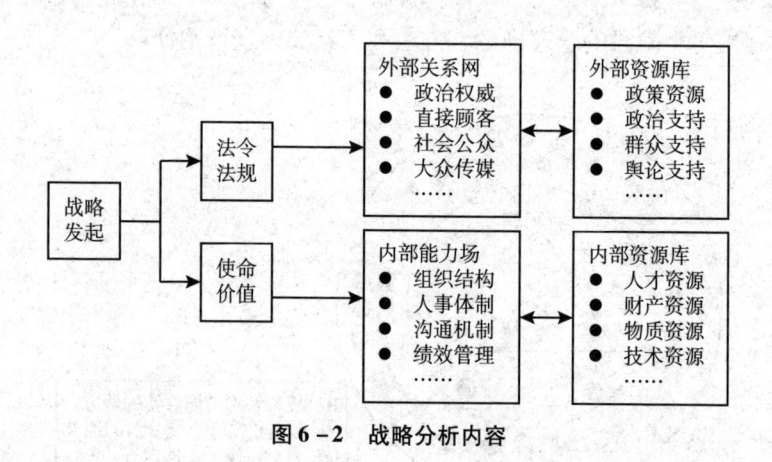

图6-2 战略分析内容

一、战略环境分析

战略环境是指对组织战略可能产生重大影响的内外部环境因素。内外部环境分析是战略分析的重点,而且它与整个管理过程保持互动和协调。政府战略管理的外部环境因素主要包括外部关系网和外部资源库。外部关系网主要是由组织的外部利益相关者组成,如政治权威、直接接受服务的顾客、社会公众以及大众传媒;外部资源库主要包括政策资源、政治支持、群众支持和舆论支持,处理好与外部关系网络的关系,可以帮助组织获取更强有力的外部资源支持。内部环境分析主要注重分析内部能力场和内部资源库。内部能力场主要由组织的结构、人事体制、沟通机制以及绩效管理等因素构成;内部资源库则包括影响组织生存和发展的人、财、物、技术等资源要素。内外部环境的各要素间是相关影响、相互依赖的,各要素的变动和关系调整直接影响到战略议题设置、战略制定、实施和评估等各个环节,进而影响到公共价值的创造和实现(赵景华、李宇环,2011)。

对具有重大影响的环境要素进行分析是战略管理与日常管理的重要区别所在。企业战略分析工具主要有 PEST、利益相关者分析、SWOT 分析、五力模型、价值链分析等。由于政府组织的特殊性导致这些分析工具不能完全适用,但对这些方法加以改造和创新,可以运用于政府战略管理中。例如赵景华和邢华将公共价值、使命管理、政治管理和运营管理整合进 SWOT 模型,提出了政府战略管理的 SWOT 模型,创新后的分析方法更加重视使命与价值、战略可控性以及政治支持等因素(赵景华、邢华,2010)。但在某些情况下,SWOT 模型按内外环境区分的优势、劣势、机会和威胁并不完全适用于政府部门。在政府管理实践中,优势和劣势既可能源于内部又可能源于外部。这是因为企业的优势和劣势一般与组织自身能力直接相关,而公共部门的优势和劣势除了与自身能力相关外,还受到外部授权的影响;企业组织的机会和威胁来源于外部的市场环境,但公共部门的机会和威胁也可能来源于内部。例如,来自政府部门内部的协作可以更高效地提供高质量的公共服务;而当政府内部产生立场分歧时也会为达成战略目标的共识带来威胁。因此,将 SWOT 分析用于政府时,仅从内部寻找优势和劣势,或者仅从外部寻找机会和威胁,都可能会使战略管理者遗漏重要信息。与企业战略环境相比,政府战略管理环境具有以下特征:(1)影响公共部门战略环境的重要利益相关者是政治权威网络,它比私人组织的利益相关者更广泛、更复杂；（2）政治权威网络中存在多元利益需求，需要同时兼顾公平与效率、发展与稳定、改革与传统的平衡；（3）价值取向的差异。政府战略管理既要满足服务直接接受者的利益需求，又要考虑到间接服务接受者以及潜在利益相关者的需求，即要从社会整体的公平、正义出发，创造最大化的公共价值。因此，我们设计政府战略环境评估分析表，战略管理者可以从权威网络、内部能力、社会需求和财政支持四个方面，并辅之以SWOT分析法，对政府组织的战略环境状况进行分析和评估，如表6-1所示。

表6-1　　　　　　　　政府战略管理环境评估分析

	项目	属性				重要性		
		优势	劣势	机会	威胁	高	中	低
权威网络分析	1. 权力机构的政治支持							
	2. 上级部门的支持							
	3. 利益集团的分布							
	4. 社会公众的情绪							
内部能力分析	5. 战略性领导力							
	6. 公务员的士气							
	7. 组织机构的弹性							
	8. 信息传达与沟通机制							
	9. 工作流程设计							
社会需求分析	10. 需求层次定位							
	11. 社会需求的紧迫性							
	12. 对政府创造性工作的要求							
	13. 对跨部门协作的要求							
财政支持分析	14. 财政资金来源							
	15. 财政拨款额							
	16. 财政稳定情况							

资料来源：根据李文星：《地方政府战略管理》，四川人民出版社2003年版，第225~226页相关内容改编整理。

二、使命陈述

在环境分析的基础上，需要进一步陈述组织的使命。从导向上来看，政府组织的使命陈述应以公众需求为导向而不应以产品或服务为导向；从内容上来看，使命陈述应体现政府组织的服务对象、服务领域、对公共价值的关注、对公众形象的关心、对雇员的关怀等关键要素；在表达上，应做到语言简洁清晰。同时，使命陈述应具有相对稳定性，不能朝令夕改。明确的使命陈述一方面可使外部利益相关者了解、认同并支持组织发展战略；另一方面可使内部员工目标明确、行动协调。使命还有利于组织在复杂混乱的变革时期坚定目标方向，并为组织的重大决策提供基本的规范和准则。乔伊斯（Joyce）将使命陈述的内容描述为：(1) 目标受益人；(2) 要提供的主要服务；(3) 组织运行的基本地理边界；(4) 组织服务期望的结果；(5) 表达组织身份的概念。目标受益人和提供的主要服务可以在组织的法定职责描述中找到，例如，生态环境部的主要职责是建立健全生态环境基本制度、统筹协调和监督管理重大生态环境问题、监督管理国家减排目标的落实、指导协调和监督生态保护修复工作等。由此可以明确该部门工作的目标受益人、提供的主要服务以及组织运行的基本地理边界。在确定使命时，明确描述组织服务期望的结果可以为组织绩效评估奠定基础，若没有对这一要素进行说明，组织在运用绩效评估时就失去了依据和标准。

但是使命陈述并不是头脑风暴或坐在会议室中讨论决定的，在确定组织使命时，首先要了解并审查对组织职责做出明确规定的法律及其文件。同时，也要对组织的利益相关者做综合分析，以确定各个群体的期望值以及与他们相关的力量和影响。

三、可能性战略观与目标区间

（一）战略目标

使命陈述使组织明确了存在的价值和意义，但并未提供达成使命的具体战略目标和步骤。因此，完整的战略分析还要进一步明确组织在一定时期内要达到的战略目标。战略层次的目标指向整个组织的长远定位和发展方向，而不是组织某个部分的较低层次的任务，战略层次的目标统率任务层次的目标，并通过任务层次的目标来实现。目标是贯穿战略管理始终的主线，失去目标的战略管理如同失去火车头的列车一样。战略制定环节确定的战略目标并不是固定不变的，正如在图6-3中所指出的，目标可能形成在战略分析、战略制定、战略实施的任何一个环节，原先制定好的战略目标可能会因为环境的变化随时做出调整。要保证战略目标的实现，需要将目标与管理结合起来。最早提出目标管理概念的是美国管理学大师彼得·德鲁克（Peter F. Drucker, 1999），它原本指"通过目标进行管理"，后被简称为"目标管理"。我们借用海因茨·韦里克（Heinz Weihrich, 1988）对目标管理的定义"一个以系统方法综合诸多关键管理因素，有意识地针对组织与个人目标的有效与高效实现导向发展的全面综合的管理系统方法"。第一，目标管理要始终把目标特别是总目标作为指导组织行为的最高标准。第二，目标管理要注意整合和平衡总体目标与具体目标、近期目标与长远目标，以此作为改善组织内部关系的重要途径。第三，目标管理要具有结果导向的色彩，战略目标既是出发点，也应是最终归宿，同时也是绩效考核的重点。第四，目标管理是一个动态过程，它是一个连续不断的信息反馈回路。

（二）可能性战略观

但是政府战略目标的制定过程与企业存在较大差异。政府战略管理的目标通常是模糊的、多元的，甚至是相互冲突的，这为战略管理者确定清晰的目标带来了困难。但确定目标是战略管理的核心任务，没有了明确而清晰的目标战略管理则难以推进。为解决这一问题，本书尝试提出可能性战略观的概念，可能性的概念与控制论有着密切的关系。控制论是关于控制的理论，"用计算机控制宇宙飞船""基因控制着遗传""病人的病情已不可控制了"，这些不同的控制过程有着一些共性：（1）被控制的对象必须存在着多种发展的可能性。如果只有一种可能性，也就无所谓控制了。（2）被控制的对象不仅必须存在多种发展的可能性，而且人可以在这些可能性中通过一定的手段进行选择。比如，目前人的能力还不能控制地震的发生，因此也就不存在"控制地震发生"的描述。在控制论中，将事物发展变化中面临的各种可能性集合称为这个事物的可能性空间。任何事物，都有一定的可能性空间，至于事物具体发展成为可能性空间中的哪个状态，要视条件和环境而定。当事物发展到某一状态后，它又面临着新的可能性空间。因此，一个事物发展过程中的可能性空间就像树枝一样向无限处伸展开去。

政府以实现最大化公共利益为最终目标，但公共利益通常是模糊的，难以量化的，没有确定的标准。因为政府部门涉及的利益群体要比私人部门多得多，一项决策往往满足了一部分利益群体的需求，却可能损害另一部分利益群体的利益；实现了经济利益的最大化却可能损害了社会利益，等等。这种复杂的不确定环境使得政府战略管理充满了各种可能性。用控制论中的可能性空间概念来理解战略管理，政府战略管理者就可以最大可能地避免目标选择的困境。在面临复杂、不确定的环境时，具备可能性战略观的政府管理者将不再仅仅处理那些必然发生的事情，更会特别关注和处理那些最可能发生的事情。当从可能性视角定义战略时，即相当于明茨伯格将战略看作一种模式（1978），这种模式将突然出现的机会与有意识的、计划好的行动联系起来，并在有关机会的新的洞察力出现时，抛弃某些计划好的行动（如图6-3所示）。政府战略在实施的过程中，可能会遇到来自自然环境、突发事件、人为因素以及机会运气等因素的影响，战略计划中预设的目标可能如期完成，也可能完不成，也可能超额完成。各种可能性战略会根据环境以及局势的变化被选择采用并执行，最终也成为组织战略的一部分。因此在研究组织战略的时候，不能只关注作为"计划"的战略，更应该了解历史上那些因突发创意或者由于局势的变化而随机实施的战略。战略管理者应尽可能降低负面的可能性，最大化地实现正面的可能性。

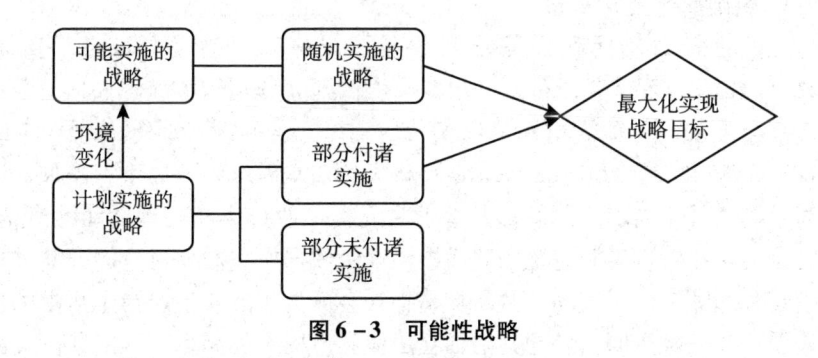

图6-3 可能性战略

对于一个复杂的战略管理过程，由战略目标所形成的可能性空间存在许多状态，而且这些状态有复杂的展开方式，具体表现为各种目标间的冲突和张力关系。与之相对应，战略目标的选择也是一个复杂的过程，政府战略管理者把握各种条件之间的作用规律，在战略管理的不同阶段控制不同的条件。从控制论的方法来看，对战略目标的可能性空间的控制过程由三个基本环节构成：（1）运用战略议题管理的张力分析框架明确战略目标的可能性空间。比如，当政府面临人员精减和机构调整的新情况时，它可能选择内部雇员公平、运营绩效或者是市场秩序。（2）分析由多元目标构成的可能性空间中的因果关系，按照轻重缓急选择最需要实现的目标。当政府受机构臃肿、人浮于事的诟病时，需要确定以运营绩效为首要目标，只有当内部绩效提高后，才能更好地激励雇员，创造公平的工作环境，也才能为维护良好的市场秩序建立一支高素质的管理队伍。（3）控制组织结构、资源、人力等条件，使组织朝向既定的战略目标转化。

（三）确定关键绩效区，设置战略目标

基于可能性战略观设置的目标没有一个明确的取值，但战略管理者可以从组织的使命陈述中确定关键绩效区（Duncan et al.，1995）。关键绩效区被定义为对组织生存和发展具有关键性意义的活动区域（乔伊斯，2008：28）。战略管理者需要掌握大量的信息，充分了解他们所处的环境，从多元目标中选择那些对实现组织使命具有最大影响力的活动或公共服务，以确定关键绩效区。对政府组织来讲，关键绩效区必定与公共需求相关，因为一切政府组织的使命和根本目的就是满足公共需求。因此，明确公共需求是政府战略管理者制定目标的前提。

1. 明确社会公共需求。

人类的需求包括私人需求和公共需求。马斯洛（Abraham Harold Maslow）提出了私人需求的五个层次，由低到高分别是生理需求、安全需求、社会需求、尊重需求和自我实现的需求；经济学家弗里德曼（John Friedmann）和韦弗（Clyde Weaver）将人的基本需求划分为生存需求、社会需求和个性化需求。他们都是基于对人类一般行为和心理活动的讨论，目的是为企业管理者制定激励制度提供理论依据。我们要讨论的公共需求有别于私人需求，所谓的公共需求是指社会成员在社会生产与生活中的共同需要，它是除政府以外的其他社会团体和市场不能满足、不能提供的需要，具有社会成员享用的互不排斥性与平等享用性（李军鹏，2001）。政府战略管理的过程也是满足公共需求的过程。战略管理需要首先明确社会公众对哪些公共产品和公共服务的呼声最强烈，当公共需求发生变化时，政府应对新的需求做出积极反应。从内容上来看，现代社会的公共需求主要包括对基础设施的公共需求、对生命财产的保护、对公共资源的分配和管理、对市场秩序的维护、对社会事务的管理以及对人权和自由的保障等。为便于战略管理者更清晰地定位公共需求，本书将社会公共需求按照政府工作的轻重缓急划分为四个层次（如图6-4所示），即生命安全、公共秩序、基础设施、自由发展。对政府而言，在所有的公共需求中，当其所管辖领域内的人身生命安全受到威胁时，抢救生命是第一选择。在绑架人质事件、重大自然灾害以及各种矿难事件中，政府都将保护人民的生命安全作为首要目标。维持良好的公共秩序是政府履行统治职能和社会管理职能的基本要求，政府通过制定法律、法规或条例来规范市场主体和社会公众的行为规范，这是社会有序运转的前提，也是政府最基本的职能。构筑了维护公共秩序的规范体系后，为市场主体和公众提供必要的基础设施就成为政府的重要战略议题，基础设施又可以分为经济基础设施和社会基础设施，每一类中又分为硬基础设施和软基础设施。经济基础设施向工商业界提供关键的中间业务，其主要功能是提高生产率，推动自主创新。硬经济设施包括道路、桥梁、港口、铁路、机场、电力、电信等；软经济基础设施包括职业培训、商业金融服务、研发促进和技术转让等。社会基础设施向居民提供基础服务，其主要作用是改善他们的生活质量及福利。硬社会基础设施包括医院、教育和培训大楼、水储存和处理设施、住房、养老机构、儿童保健机构等；软社会基础设施包括社会保障系统、各种社区服务以及环保机构等（格里姆赛、刘易斯，2007）。满足了生命安全、公共秩序、生活质量的公共需求后，保障公众自由发展的权利就成为政府管理的最高追求。当经济社会达到高度发达的状态时，才有条件实现每个人的自由发展，在短期内，自由发展的目标只是一个美好的理想。

图6-4 社会需求层次

四个层次的需求并不是一个固定不变的机械程序。实际上，公共秩序和生活质量的需求是一种常态，只要政府是合法政府，基本的社会秩序就能保持相对稳定的状态。其他两种需求都在特定的条件下产生。生命安全的需求通常发生在危机状态下，而自由发展的需求则是在社会发展到一定水平后的更高层面的需求。如何满足社会对各类基础设施的需求是战略管理者经常要处理的议题，政府战略管理者可以通过社会调研，进行利益相关者分析，了解并明确社会公众的需求。

2. 分析议题张力。

组织的动态性以及它所处环境的复杂性使得战略议题会发生变化，因此，当明确公共需求并对环境类型进行定位后，战略管理者必须重新检验和修正议题。正如我们在第三章中所述，议题被定义为各种相反的力量，这些力量表现为组织显性的或隐性的张力，对议题中的张力关系进行分析是对议题重要性进行排序的前提。用第三章的议题张力分析框架进行分析，确保六种张力关系都得到了考虑。以校车安全问题为例，2011年影响较大的教育舆情事件中，校园安全类事件成为年度关注度最高的教育舆情类型，其中在全部49起影响较大的校园安全类教育舆情事件中，由校车事故引发的舆情事件就有26起，占整体校车安全类舆情事件的53.1%。[①]孩子们的鲜血拷问着政府的监管和校车安全制度，政府面临着内外部的双重压力。在极具动荡的环境中，政府需要通过制度创新和协作治理回应社会的拷问和质疑。国务院组成包括教育部、公安部、交通部、安监局等在内的10部门参与制定校车安全制度，并形成国家校车制度标准，由地方根据自身情况执行。国务院公布的《校车安全管理条例》中规定，县级以上地方人民政府对本行政区域的校车安全管理工作负总责。对直接面向农村地区的县级政府而言它所面临的议题可能有以下方面。

（1）政府对教育部门、公安部门、交通部门以及安全生产监督管理部门的职责协调；

（2）政府面临校车购置费、运行费、驾驶员工资、保养维修、油耗等费用支出压力；

（3）将校车运营推向市场化的尝试，以提高校车的营运效率；

（4）中央政府增加了地方的事权，但没有下放财权，内部公平受到质疑；

[①] 谢耘耕、刘锐、王平著，谢耘耕编：《舆情蓝皮书：中国社会舆情与危机管理报告（2012）》，社会科学文献出版社2012年版。

(5) 将校车安全管理责任下放地方，对财力吃紧的中西部欠发达区县有失公平；

(6) 校车运营管理是由政府承担还是寻求其他商业运营模式；

(7) 当学校都用上合格校车后，政府如何保障校车的路权；

(8) 地方财政窘迫，教育经费欠账过多，可否考虑允许民间公益机构的参与。

以上议题之间存在着明显的相反力量，如地方政府的事权和财权的不对等，职能部门的内部协调效率与校车市场化改革的张力等，它们将地方政府拉向或推向不同的方向。认识这些议题及其内在的张力关系，可以更清晰地分析组织面对的利益相关者。

3. 对战略性议题进行排序。

议题的优先顺序反映了解决问题的顺序，也反映了张力网中的因果关系。对战略性议题的排序会因组织的不同而不同。将上一步骤中县级政府面临的议题张力进行排序（如图6-5所示）。

战略领导委员会对议题进行排序后，认为部门协调和资金保障是需要首先管理的关键议题。部门协调关涉到内部的效率和公平张力。校车问题并非只是教育部门的责任，要协调好教育部门、公安部门、交通部门以及安监部门的工作职责，才能保障校车安全制度的组织落实。资金保障同样是要解决的第一问题，要在全县中小学校配备校车，一般要花费上亿元的车辆购置费，另外校车运行费、驾驶员工资、保养维修、油耗等费用每年还需要上千万元。经费不足不仅会制约专业校车的推广，同时还会引起其他问题。没有充足的资金，招不到高素质的司机；警力不足，难以做到逢车必查；道路失修，校车被迫走农村土路。因此，校车问题的解决首先还是要解决资金的问题。

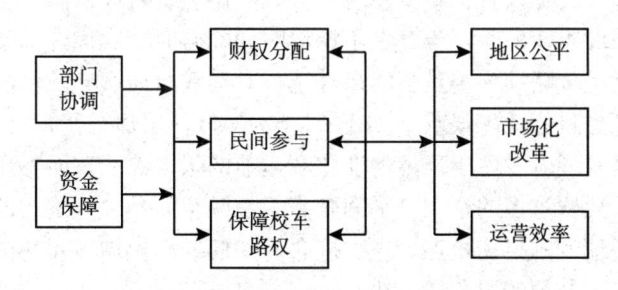

图6-5 县级政府应对校车安全的议题优先顺序

第二组议题涉及财权的分配、民间的参与以及保障校车的路权。财权分配议题将内部公平和运营效率的张力识别出来。财权与事权的匹配会激发地方政府执行政策的积极性，提高工作绩效。民间参与议题引发的是内部运营绩效与市场秩序的张力，适当吸引经过特许经营许可的民间机构参与校车的运营和管理，不仅可以解决政府资金紧张的问题，而且在一定程度上会提高校车的服务质量，保障校车路权关系到政府的资金配套和部门间协调。

第三组议题涉及地区公平、市场化改革和运营效率。这些问题在前两组议题中已基本解决。例如财权分配可以解决地区公平问题、民间参与可以推动市场化改革以及提高运营效率。由此可以看出，对议题张力进行排序，可以反映议题间的因果关系，首先解决排序靠前的议题可以为解决后面的议题奠定基础。

再对战略性议题进行排序后，地方政府针对解决校车安全问题确定的理想可以描述为：

（1）最理想的目标：政府有足够的资金保障校车的安全高效运营，政府部门间可以协同合作为学生的上学路创造安全可靠的环境；

（2）目标的最低线：无论资金或组织机构遇到何种问题，保证学生的安全是政府战略目标的最低线。

4. 用理想代替目标。

在明确了社会公共需求后，战略决策委员会可以用理想代替目标。理想源于对组织将来可能面对的最好和最坏情形的认识。最好的情形指明了前进的目标，最差的情形则是组织要努力远离的最低起点（纳特、巴可夫，2010）。理想目标为组织提供了未来发展的蓝图，指导着组织的行动。

但是由于战略管理过程中随时面临复杂及不可预测的环境，这为组织达到最理想的目标设置了重重障碍。有些障碍组织可以消除，也有些障碍限于已有条件不能消除。当存在不能消除的障碍时，次优选择或保证目标的最低线就是战略领导委员会的最佳选择。对政府而言，环境的动荡性越高，实现理想目标就越艰难（如图6-6所示）。用理想代替具体的目标，可以让战略管理者专注于环境的变化和当前的张力议程，而不用为了一个遥远的未来耗费过多的精力。平衡张力关系网，而不是直线式的目标运动才是战略管理者的行动重点。这一理念为我们处理模糊多元的公共目标提供了更灵活、开阔的视角和方法。

图 6-6 目标随环境变化的趋势

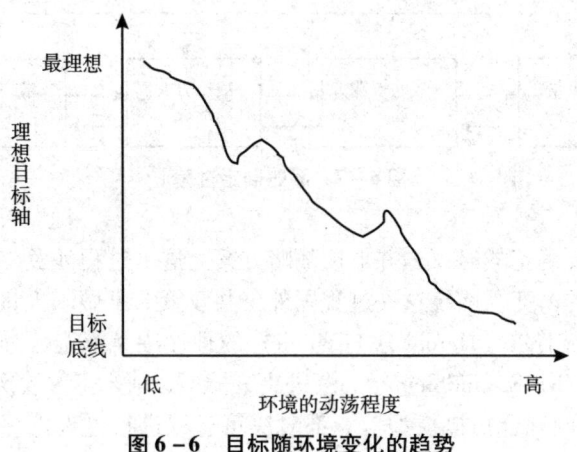

第二节 战略制定

战略制定过程可以看作从一系列战略方案中进行评估和选择的过程，经过评估后的选择可能成为组织执行的战略方案（乔伊斯，2008）。本节将讨论战略制定的程序、可能性状态下战略方案选择的标准、原则和方法，然后重点讨论战略制定过程中的利益相关者评估和资源评估。需要特别说明的是，利益相关者评估和资源评估不只在战略选择阶段运用，战略环境分析、战略实施及其实施后阶段都可能存在。

一、战略制定的程序

战略制定环节包括战略决策的组织过程、战略议题的确定、战略方案的形成以及战略的合法性审查（如图 6-7 所示）。首先战略决策的组织过程需要确定参与战略决策的成员、机构、决策方式以及决策机制等。战略发起者需要对组织的利益相关者进行分析，以确定哪些人、群体、单位或组织应该参与战略决策。政府的利益相关者通常为公民、纳税人、服务对象、管理对象、政府雇员、协会、利益群体、政治团体、财经界、其他行业部门或是其他政府及部门，战略发起者要识别影响战略的关键利益相关者并将其纳入决策过程。

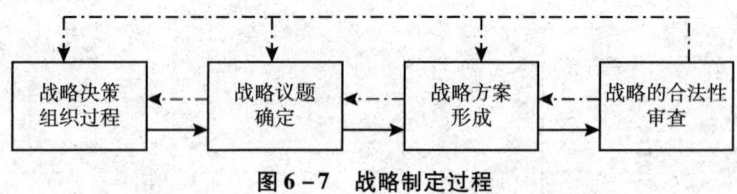

```
┌─────────┐    ┌─────────┐    ┌─────────┐    ┌──────────┐
│ 战略决策 │───▶│ 战略议题 │───▶│ 战略方案 │───▶│战略的合法性│
│ 组织过程 │◀───│  确定   │◀───│  形成   │◀───│  审查    │
└─────────┘    └─────────┘    └─────────┘    └──────────┘
```

图 6-7　战略制定过程

其次，要确定战略议题并形成战略方案。这一过程涉及参与决策的多方利益主体的博弈。围绕这一过程国外公共政策专家做了大量的研究，如哈罗德·拉斯韦尔（Harold D. Lasswell）的理性决策模型、查尔斯·林德布洛姆（Charles E. Lindblom）的渐进决策模型、阿米泰·埃次奥尼（Amitai Etzioni）的混合扫描模型等，都对决策过程进行过理论探讨。美国学者约翰·金登（John W. Kingdon）提出的"多源流"模型更具形象解释力，他认为，议程确定的决策系统是由相互独立的三条"溪流"组成的，即"问题溪流""政策溪流"和"政治溪流"，它们各自都按自己的动态特性和规则发展，在关键处汇合打开"政策窗口"，以使一些事务得以进入政府议程（2004）。因此，战略议题的确定和方案的形成既需要综合考虑组织的使命、价值和职责，还要全面权衡历史的、现实的和未来的发展状况。议题确定的环节会产生一系列的冲突，例如组织需要做什么、为什么做、怎样做、何时做、在哪里做、谁去做以及谁会被牵涉到这一过程中来，等等，以上每个问题的处理和解决都充满了纷繁复杂的张力关系。因此，战略管理者的主要任务就是列出各种张力并对其进行排序，权衡各利益相关者的需求，在组织能力和资源许可的范围内描述对组织发展具有战略性意义的议题。战略性议题确定后就要选择解决这一问题的途径，战略选择应同时满足技术性、管理性、政治性、道德性、伦理性以及合法性的原则（布莱森，2010）。在我国议题设置的正式途径是通过政治协商会议提交提案或通过人民代表大会提出议案，提案和议案需要经过政协会议和人大会议的讨论，并经过人大常委会的合法性审查后才进入政府的政策议程。

战略制定环节在战略方案形成后还未完结，最终确定的战略方案要经过合法性审查才算最终完成，然后才可以进入到战略实施环节。政府战略管理的决策事项一般都要经过立法机关的合法性审查。国务院曾发布《关于加强法治政府建设的意见》中指出，凡是有关经济社会发展和人民群众切身利益的重大政策、重大项目等决策事项，都要进行合法性、合理性、可行性和可控性评估，重点是进行社会稳定、环境、经济等方面的风险评估。合法性审查可以根据决策制定的科学性、民主性和规范性三个原则进行。首先从战略方案的审查开始,如问题出在前一环节,则审查向前推进到议题确定环节,甚至从决策的组织过程开始审查寻找问题的根源,要把审查的结果作为新一轮决策的重要依据,以保证战略决策的科学化、民主化和规范化。

二、可能性状态下的战略选择

(一)战略选择的标准与原则

究竟按何种标准和原则在解决议题的各种可选择方案中做出取舍,是战略管理者在进行战略选择时需要明确的重要问题。布莱森和罗林(Bryson and Roering, 1989)对政府部门的战略评估过程进行了经验主义研究,他们发现政府战略规划小组倾向于关注三类问题确定评估标准:(1)它技术上是可行的吗?(2)利益相关者会支持吗?(3)它能够在精神、道德和法律上得到保护吗?他们同时指出,战略方案的评估不是一个机械过程,"参考框架在标准之间来回变动,直到参加者最后提出一个满足各方标准的提案⋯⋯战略规划要经过争论形成(1989)"。乔伊斯(2008)根据布莱森的观点,将战略评估标准归纳为以下三类(如表6-2所示)。

表6-2　　　　　　　　战略选择评估标准分组

评估导向	具体标准
行政管理型标准	与其他的战略、程序和行动的协调性或统一性;技术可行性;成本和财政;成本效应;员工要求;设备/培训要求
结果导向型标准	与任务、价值观、哲学以及文化的一致性;客户和使用者的影响;适应性和灵活性
可接受性标准	关键决策者、利益相关者、评价领导人的可接受性;公众的接受度

资料来源:根据[美]乔伊斯:《公共服务战略管理》,张文礼、王达梅译,清华大学出版社2008年版,第63页相关内容改编。

第一类标准为行政管理型标准。主要包括成本和财政;成本效应;员工要求;技术可能性;与其他战略、程序和行动的协调性或统一性等。这类标准倾向于运用"成本—收益分析法"和资源分析对战略方案进行评估,重视组织运营的效率价值。当战略管理者推动一项被认可的政策付诸执行时，运用这类标准进行评估是合适的。

第二类标准为结果导向型标准。包括与任务、价值观、哲学以及文化的一致性；对客户和使用者的影响；适应性和灵活性。这类标准倾向于组织运营的公共价值，强调政府的责任性、回应性和合法性，要求战略方案要与组织使命和战略目标保持一致和协调。

第三类标准是可接受性标准。它包括主要决策者、利益相关者、政策主张倡导者的可接受性；公众的接受度。这类标准强调利益相关者分析法，以建立多方的合作伙伴关系。战略管理的成功很大程度上取决于各方利益的平衡，因此，要选择最好的战略，对合作者、利益相关者和公众的可接受性进行考虑是至关重要的。

对战略方案进行评估的目的是选择最具可行性和最能满足公共需求的战略。以上每类评估标准并没有优劣和好坏之分，选择何种标准进行评估取决于战略管理者的价值取向以及各方的妥协。一个同时能满足三个标准的战略方案当然可以称为最佳选择，但现实中很难存在这样的方案。战略管理者需要综合考虑历史的、当前的和未来的各种因素做出判断。对处于转型期的中国而言，经济增长与体制改革相伴而行（顾建光，2011），各种公共问题充满了公共价值与经济效率的对立，战略管理者要力图超越行政效率标准与结果导向的价值对立，以创造公共价值为终极目标，以行政效率的提升为实现这一目标的途径和手段。行政管理型标准强调战略方案的成本收益分析，属于战略管理的工具范畴。作为一种管理工具和统治手段，效率的提升意味着"只是管理方法的变革和管理手段的改进，它可以为政府管理理念和管理模式提供技术支撑，但实施绩效管理并不意味着理念和模式的现代化"（周志忍，2009）。正如哈佛大学教授简·芳汀（Jane E. Fountain）所说，任何技术都不能决定自身的发展路径，也不能保证被理性使用，更不可能决定应用技术时人们追求的价值和目标。对于评估战略选择的不同方法，邓肯等指出（Duncan et al., 1995）："虽然各种评估的方法调整着管理者的观点和组织的理念，但是最终管理者必须作出自己的决定……各种评估方法不是被用来给出现成答案的，而是为了让管理者从中获得观点和见识。"战略管理者要尽可能地综合三种评价标准对战略方案进行评估。乔伊斯（2008）给出了战略方案评估的举例（如表6-3所示）。

战略管理者根据被挑选的标准的重要性分配每个指标一定的分值，如在表6-3中，"使用者收益"和"成本和财政"指标的最高分值为20

分,要高于其他6项的分值。评估小组对要评估的各项战略方案进行打分,最大值对应的是最高满意度,最小值则意味着完全不满意,最后合计每个因素的分值,并且比较不同可选择战略的单项得分和总得分来确定最终要选择的方案。我们将表6-3中战略A和战略B的得分情况用折线图来展示(如图6-8所示),从图中可以很明显地看到两种方案在每项因素的得分对比情况。有时,总得分高的战略方案并非一定是最佳方案,当战略管理者赋予某一单项因素一个较高权重时,比较高权重的单项得分也是方案选择的重要原则,接下来我们对战略选择的准则方法进行介绍。

表6-3　　　　　　　　　战略方案评估举例

评估标准	战略A	战略B
1. 关键利益相关者的接受度(0~10分)	7	5
2. 一般公众的接收情况(0~10分)	7	5
3. 使用者收益(0~20分)	10	15
4. 与使命的一致性(0~10分)	7	3
5. 技术可行性(0~10分)	2	5
6. 成本和财政(0~20分)	10	5
7. 成本效应(0~10分)	5	5
8. 时机(0~10分)	3	7
总计	44	50

资料来源:[美]乔伊斯:《公共服务战略管理》,张文礼、王达梅译,清华大学出版社2008年版,第65页。

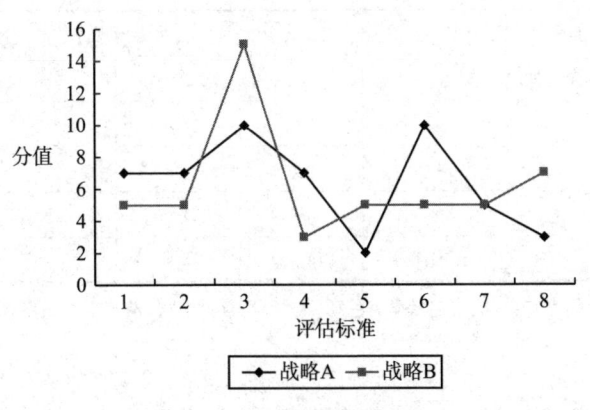

图6-8　评估结果对比举例

(二) 战略决策准则

在日益不确定的环境中,战略管理者需要考虑各种可能状态下的战略方案选择。对应于不同的决策准则会产生不同的决策结果。在此重点介绍不确定性决策准则中的 Wald 决策准则、Hurwicz 决策准则和 Laplace 决策准则。不确定决策是指决策者知道未来事物将出现 n 种自然状态 S_1,S_2,…,S_n,采用方案 $A_i(i=1,2,…,m)$ 后,自然状态出现 $S_j(j=1,2,…,n)$。但决策者不知道 n 种自然状态 S_1,S_2,…,S_n 发生的概率,决策者只能凭经验判断和估计(胡光宇,2010:216-218)。

1. Wald 决策准则。

Wald 决策准则被称为悲观决策准则或小中取大决策准则,其特点是对现实方案的选择持保守悲观的态度。未来事物能且只能出现 n 种自然状态 S_1,S_2,…,S_n,决策者有且只有 m 种行动方案 A_1,A_2,…,A_m 可供选择,当决策者选择行动 A_i,未来事物出现自然状态 S_j 时,决策者有一个损益值 $a_{ij}(i=1,2,…,m;j=1,2,…,n)$。损益值既可以是决策者根据过去和现状的资料统计规律确定的客观数据,也可以是决策者凭借个人经验学识主观判断的数据或者是根据调查得来的模糊数据。不论是主观数据还是客观数据,其准确可靠程度将直接影响决策结果。为了提高决策结果的正确率,决策者准确估判损益值至关重要。决策者在决策前所了解的信息如表6-4所示。

表6-4 决策损益表

自然状态		自然将出现的状态			
损益情况		S_1	S_2	…	S_n
可选择的行动方案	A_1	a_{11}	a_{12}	…	a_{1n}
	A_2	a_{21}	a_{22}	…	a_{2n}
	…	…	…	…	…
	A_m	a_{m1}	a_{m2}	…	a_{mn}

资料来源:胡光宇:《战略定量研究基础——预测与决策》,清华大学出版社2010年版,第216页。

根据决策损益表,决策者采用 Wald 决策准则进行决策的方法是:

(1) 从各种方案中寻找最小的损益值，即求：
$$a_i = \min\{a_{i1}, a_{i2}, \cdots, a_m\} \quad (i = 1, 2, \cdots, n)$$
(2) 从所求各行动方案最小损益值中再求出最大损益值，即求：
$$a_{i0} = \max\{a_1, a_2, \cdots, a_n\}$$
(3) 第 i_0 个行动方案即 A_{i0} 就是决策者按 Wald 决策准则进行决策的行动方案。步骤 (1) 和步骤 (2) 也可以合并为：
$$a_{i0} = \max_j\{\min_i\{a_{ij}\}\}$$
Wald 决策准则的决策思想是从最坏处着眼，以谋求最大收益。若决策者采用决策 A_i，则决策后的损益值 a 至少是 $a_i(i=1, 2, \cdots, n)$，若决策者采用 A_{i0}，则决策的损益值则可以达到 $a_{i0} = \max\{a_i\}$。从最坏处着眼，第 i_0 种行动方案 A_{i0} 是最佳方案。

2. Hurwicz 决策准则。

Hurwicz 决策准则或称为大中取大决策准则，属于一种乐观决策准则，其特点是对现实方案的选择持乐观、冒进的态度。同样是表 6-4 的决策损益表，用 Hurwicz 决策准则的决策方法如下。

(1) 从各行动方案中选择最大损益值，即：
$$\beta_i = \max\{a_{i1}, a_{i2}, \cdots, a_{in}\} \quad (i = 1, 2, \cdots, n)$$
(2) 从所求最大损益中最大收益值，即：
$$\beta_{i0} = \max\{\beta_1, \beta_2, \cdots, \beta_m\}$$
(3) 第 i_0 个行动方案，即 A_{i0} 就是决策者按 Hurwicz 决策准则进行决策的行动方案。将决策步骤 (1) 和步骤 (2) 合并即为：
$$\beta_{i0} = \max_i\{\max_j\{a_{ij}\}\}$$
Hurwicz 决策准则的思想是从最好处着眼，以谋取最大收益。与 Wald 决策准则相比，Hurwicz 决策准则是一种不顾风险的决策准则，而 Wald 决策准则又过于稳健。在地方战略管理实践中，决策者要根据实际情况选择不同的决策准则。风险型决策虽然可能会存在一定的风险，但创造性机会也往往蕴藏在这些风险中。当环境的动荡程度较高，需要政府进行创造性活动时，战略决策者可以尝试运用风险偏好的 Hurwicz 决策准则。

3. Laplace 决策准则。

Laplace 决策准则也被称为等概率决策准则。Laplace 决策准则的决策思想是在缺乏资料、没有任何信息显示未来哪个状态出现的可能性最大的情况下，未来各自然状态发生的概率对决策者来说是相等的。因而，决策者可直接用未来各自然状态发生的概率相等来计算各行动方案的期望收益值,最大收益值所属方案即为按 Laplace 决策准则进行决策的最优方案。

仍以表 6-4 的信息为例,按 Laplace 决策准则进行决策的方法是:

(1) 计算第 i 个行动方案的期望收益值:

$$E_i = 1/n(a_{i1} + a_{i2} + \cdots + a_{in}) \quad (i=1, 2, \cdots, n)$$

(2) 求最大期望收益值:

$$E_{i0} = \max\{E_1, E_2, \cdots, E_m\}$$

即第 i_0 个行动方案 A_{i0} 即是最优方案。

三、利益相关者评估

政府战略管理中能否在重要利益相关者之间达成一致,是战略制定的关键。如果组织无法获知它的利益相关者,以及不知如何辨识哪些是需要特别关注的关键利益相关者,那么该组织就更不会清楚怎样做才能使利益相关者满意 (Boschken, 1994; Rainey and Steinbauer, 1999)。误读利益相关者会给组织带来严重的问题。利益相关者作为战略环境的重要组成部分,是引发张力的关键因素。战略管理者需要在张力场中准确发掘各类相关利益者,这是保证组织双赢甚至多赢的前提。因此,在战略制定环节要对备选战略中的利益相关者情况进行分析。合理运用利益相关者分析,可以帮助战略管理者运用平衡的艺术,使选择的战略方案在技术上可行、政治上可接受、法律与道德上允许,并可以创造公共价值、为公众谋利益。利益相关者评估的步骤如下。

(一) 准确界定利益相关者

利益相关者是指所有影响组织目标以及被组织目标影响的单位或个人。由于地方政府可能面临较多的利益相关者,因此在进行利益相关者分析之前,需要根据确定的战略议题清晰地描绘出组织面临的利益相关者网络 (如图 6-9 所示)。

地方政府的利益相关者大致包括党委组织;上、下级政府;公务人员;管辖企业;社会组织;社会公众及媒体等。地方政府的战略议题中并非一定包括以上所有的利益相关者。在不同的战略议题中,利益相关者的范围可能会存在差异。因此,识别和划分利益相关者是政府战略管理的重要任务。理论界对利益相关者分类的标准存在差异,米切尔、阿格尔与伍德 (Mitchell、Agle and Wood, 1997) 根据影响力、合法性和迫切性,将利

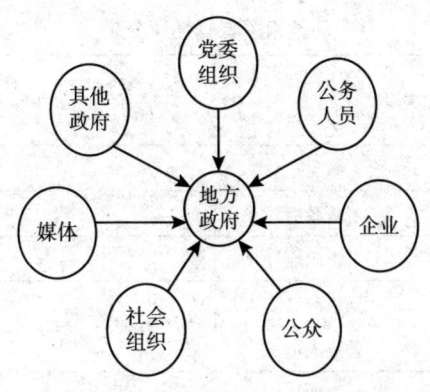

图 6-9 中国地方政府利益相关者

益相关者分为七类，即权威利益相关者、关键利益相关者、危险利益相关者、从属利益相关者、蛰伏利益相关者、或有利益相关者和要求利益相关者。这种分类方法将合法性也列为一个划分维度，虽然细化了利益相关者的分类标准，可以更精确地区分不同的利益相关者，但同时也使分析复杂化。为简化和明晰讨论对象，我们假设政府关注的利益相关者都是基于合法性基础之上的。为此，选择利益相关者的影响力和利益相关者的立场作为分类标准（如图 6-10 所示），将地方政府的利益相关者分为四类，即拥护的利益相关者、敌对的利益相关者、从属的利益相关者、未决的利益相关者。然后根据利益相关者评分表（如表 6-5 所示），对内、外部利益相关者的重要性和立场进行打分，根据打分情况将各利益相关者对应于图 6-10 的分类中，确定利益相关者的性质。

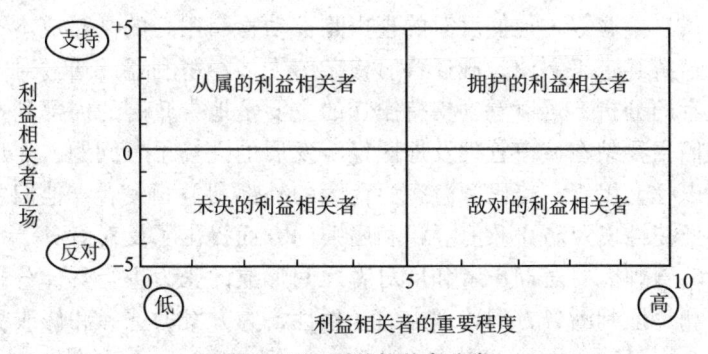

图 6-10 利益相关者分类

资料来源：根据［美］纳特、巴可夫：《公共和第三部门战略管理：领导手册》，陈振明等译，中国人民大学出版社 2001 年版相关内容改编。

表6-5　　　　　　　　　利益相关者属性评分表

利益相关者		重要性打分 (0~10分)	立场打分 (-5~5分)
内部利益相关者	政党		
	上级政府		
	下级政府		
	同级政府		
	公务人员		
外部利益相关者	企业		
	社会组织		
	公众		
	媒体		

(二) 了解关键利益相关者需求

对利益相关者进行分类后，通过调查法、访谈法或小组讨论等了解关键利益相关者的需求。要重点针对拥护的利益相关者和敌对的利益相关者进行调查，掌握其拥护或反对的主要原因。例如，针对《建议北京动物园搬迁》的提案，拥护搬迁的支持者包括市发改委、市规划部门、国家林业系统和大兴区政府，他们列举了动物园留在城市核心区的三项弊端：威胁到城市的公共卫生安全；增加了城市交通的压力；影响了动物的正常成长。反对搬迁的人员包括一些专家学者、公益组织成员、律师、市民、游客等，他们反对的理由是：动物园搬迁的高昂成本；搬迁至郊区给游客带来不便；搬迁背后掺杂了太多经济利益。通过对关键利益相关者的分析，可以看到支持搬迁的主要是地方政府的内部利益相关者，他们主要站在城市管理及地区经济发展的立场思考问题；而反对者主要是以社会组织、市民和游客为代表的外部利益相关者，他们主要从生活的便捷性以及防止政府寻租和腐败的方面提出了反对意见。地方政府的战略管理需要对拥护者和反对者之间形成的张力进行具体分析，通过调查和论证判断各方阐述理由的合理性，为方案的选择和修改提供事实依据。

（三）评估各方案满足利益相关者的程度

将各备选方案与关键利益相关者的需求进行比照，从满足利益相关者需求的角度对各方案进行排序并讨论，讨论的议题应包括若采用某项备选方案组织的优势和劣势，组织当前表现出来的机会和挑战。战略管理者应选择能够尽可能最大化满足关键利益相关者的方案；若反对的利益相关者足够多，且其反对的理由合理充分，战略管理者可暂且搁置现有方案，寻求能更好地缓解现有利益相关者张力的备选战略。

四、资源评估

资源是影响战略成败的关键要素。战略制定要充分考虑组织已经拥有和通过努力能够获得的资源总量和种类，否则再美好的战略也是纸上谈兵。资源可以被定义为"一定的社会历史条件下存在的，能够为人类开发利用，在社会经济活动中经由人类劳动而创造出财富或资产的各种要素"（王子平等，2001）。基于资源对战略的约束作用，形成了资源基础理论，如巴里（Barney，1991，转引自李垣等，2004）认为，企业主要是通过拥有的某些稀缺的和难以被竞争对手模仿的资源来创造价值。另外，资源还通过结构和流程作用于战略。结构是组织内权责利的分配方式，权责利的分配在一定程度上可理解为是对资源的分配。地方政府拥有的权责大小、可支配人员、预算经费及物资多寡直接决定着战略实施的成败。

对政府而言，资源评估的内容主要包括人力资源、财力资源、物力资源、信息资源、政策资源及自然资源。地方政府的人力资源包括诸如地方政府的管理者、公务人员以及本地区内各行各业的从业人员；财力资源如地方的可支配收入、资产构成等；物力资源如各种物资设备、房产、新材料等；信息资源即以信息形式存在各种资源；政策资源如地方政府获得的来自中央或上级的扶持政策以及地方政府本身具备的制定法规条例的权力。政府作为社会的管理者是唯一可以制定公共政策的组织，政府给予公共政策以合法性和普遍性，只有政府能够合法地监禁违背其政策的人，正是政府拥有的这种要求全体公民对其忠诚的权力（托马斯·戴伊，2008），才使得政策成为其掌握的一种重要资源，政府可以利用它特有的政策资源对其他资源进行有权威的分配。另外，政府作为国家的代理人掌握着对自然资源的分配权。地方政府的自然资源包含辖区范围内的土地、水、光照、矿产资源等。作为一定辖区范围内的最高管理机构,政府在管理经济社会时,必然要考虑自然资源的承载力与可持续发展力,尤其要对人口、资源和环境的协调发展进行战略思考。无论掌握了多少资源,在一定的时空范围内,一定存在人的无限需求与可用资源间的张力,这即是资源的"稀缺性"特点。政府要想以最小的公共资源投入获得最大限度的公共产品和服务,就需要充分挖掘和有效利用各种资源,对资源进行管理,包括资源的获取、资源的开发及资源的配置,并在管理过程中树立节约意识和前瞻意识,以最大化地增加组织的存量资源和增量资源,为战略实施进行资源储备。

地方政府战略管理者对上述资源进行评估,一般要从资源的现有存量、资源的可获得性及资源的柔性程度进行评价(如表6-6所示)。(1)资源现有存量是对组织现已拥有的资源数量进行评估,也即摸清家底。政府战略管理者可以通过现有的统计数据进行调查,也可以整合各相关部门的信息进行评估,如财力资源可以通过财政部门获取;人力资源通过人社部门获取;自然资源通过能源部门或国土部门获取等。(2)资源可获得性主要评估政府通过节约、挖潜、整合、开发和共享等方式可获得增量资源的能力。(3)组织拥有资源的柔性度。资源柔性最早是由罗恩·桑切斯(Ron Sanchez,1997)提出的,他认为资源柔性可以通过三个方面进行评价:一是资源的使用范围,如果某项资源的使用范围越广,说明其柔性越大。二是资源转移用途的成本,成本越低,柔性越大。三是资源转移的时间成本,时间越短,柔性越大。例如,与物力资源和财力资源相比,人力资源的柔性更大。地方政府拥有资源的整体柔性程度取决于所有资源中柔性最差的资源。

表6-6　　　　　　　　　地方政府资源评估表

资源分类	现有存量	资源可获得性	资源柔性
人力资源			
财力资源			
物力资源			
信息资源			
政策资源			
自然资源			

对每种备选方案中的资源状况按上述方法进行排序,选择资源约束最小、资源促进作用最大的战略方案。若有些方案中所需的资源还不存在于组织中,但只要通过资源的整合、开发、共享等方式在战略实施前获取,这样的方案也在可选择范围之内。

第三节 战略实施

战略实施是将已制定的战略转化为实际行动的重要步骤,也是满足利益相关者需求、创造公共价值的关键环节。在常规环境下,战略实施可以按照已制定好的战略方案开展活动,但遇到环境变化或上级训令改变时,就需要对已有的方案进行调整,甚至放弃已有的方案,采取与环境相协调的战略行动。因此,保证组织持续的思考和学习是地方政府战略实施过程中的重要问题。

一、战略实施中的组织学习

正如上文图6-1将战略管理过程表示为环状循环结构一样,战略管理在现实中是一个迭代反复的过程,它并不总是呈线性发展的有序状态。战略管理过程不一定从战略分析环节开始,根据环境的要求和变化它可以在必要的环节随时启动程序,例如当组织面临紧急的战略性问题需要迅速处理时,程序可能直接进入战略制定环节,或者当组织发现执行的战略失误或者要对战略进行重新评估时,可能会启动步骤3或步骤4。也就是说,已经制定好的战略在遇到突发状况或者局限于现实的技术、资源或预算条件时,并不总是可取的。因此,战略制定环节的完成并不等同于战略目标的确定,有时目标是计划好的,有时是未计划的。计划好的战略目标可以为组织发展指明方向,但组织也要警惕不可预见的可能性情况的发生。如果对制定好的战略给予过多关注或过于迷信它,都可能会使组织对一些非计划中的或是没有预料到的事情处于盲目状态,例如,组织可能需要在战略实施前先补救资金缺口的危机,或者组织可能要填补一个关键领导职位后才推动战略实施(Dutton et al., 2002)。

另外,战略实施环节也并非总是在战略分析和战略制定结束后才开始。当战略分析环节发现内外部环境中有需要立即应对的劣势或挑战,或者有需要瞬时捉住的机遇或借机发挥的优势时,组织就应该提前采取战略行动。对战略管理者而言,思考、行动和学习要远比僵化的战略文本更重要。在战略管理中,经常是行动指引着真正的思考(Weik,1995),或如明茨伯格等(Mintzberg et al.,1998)所说:"有效的战略将行动和思考联系起来,并转而将实施和公式化联系起来。当然,我们为了行动和确定而思考,但我们也会为了思考而采取行动"。由此可见,理论描述中的战略过程是呈线性排列的,它仅是一些概念、流程和工具的组合。在实践中,要保证战略计划得到有效落实,还需要政府领导者、管理者以及战略规划者进行持续的思考、行动和学习,根据环境的变化,调整政府在战略管理中的角色定位。

二、定位与环境相匹配的政府战略角色

在战略管理中,政府组织可以扮演多种角色,但在不同的时间和环境下,政府组织的战略角色会随之变化。为便于分析,我们借鉴纳特和巴可夫关于公共部门环境类型的划分,并根据政府工作的创造性和治理的协作性区分不同环境状况下的政府战略角色(如图 6-11 所示)。

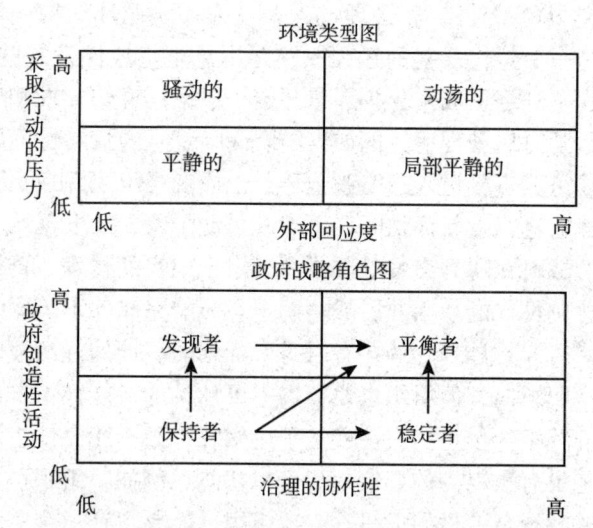

图 6-11 地方政府战略角色与环境类型的匹配

资料来源:根据[美]纳特、巴可夫:《公共和第三部门组织战略管理:领导手册》,陈振明等译,中国人民大学出版社 2001 年版相关内容改编。

纳特和巴可夫根据公共部门采取行动的压力和外部回应度将公共组织面临的环境类型划分为平静的、局部平静的、骚动的和动荡的四种。他们认为对应四种环境类型，公共部门应该采取不同的战略行动。当公共部门采取行动的压力大、外部回应度较高时，就需要通过创造性革新以及对外协作以回应复杂动荡的环境（Eadie，1983；Nutt & Backoff，1992；Btyson，1995）。

政府的创造性活动是指回应社会需求并创造公共价值的工作方式。莫尔（2003）在他的《创造公共价值：政府战略管理》一书中明确提出政府管理的终极目的是创造公共价值，公共价值的创造是基于社会个体的需求和期望，由于社会中存在着各种需求，因此政府组织的公共价值也不是一成不变的，某些外部事件往往能够引起他们对于组织的价值、作用和功能的重新定位。莫尔认为"传统公共管理的特点是上级对公共组织的职能和运行方式等都已作出明确的规定，所以管理者的职责主要是遵守这些规定，维持并改善组织的运转，而不是进行足以改变组织的角色和价值的创新。相比之下，战略管理者则像是探索者，他们能够发现、定义和创造公共价值，其责任不是确保组织的延续，而是作为创造者，根据情况的变化和对公共价值的理解，改变组织的职能和行为"。公共价值的创造尽可能同时满足两个条件：其一是组织满足了社会的期望和需求；其二是组织要以合理的成本有效率地满足需求。当环境越动荡时，对政府工作的创造性要求就越高，例如，随着工业化和城镇化的推进，对能源的需求持续提高，高耗能带来的高污染与社会公众对清洁宜居环境的需求产生了矛盾，人们开始重新审视工业化带来的巨大经济利益所付出的代价。近年来发生的大气污染、水污染、固体废物污染、土壤污染等引起了全社会的广泛关注，各地环保、卫生、交通等部门纷纷采取应对措施。各地的应急措施存在一定的差异性，有的地区制定预案（如郑州），有的采取党政机关和事业单位带头减排的措施（如北京和西安），有的进行人工降雨（如成都）。尽管这些措施在短期内对缓解空气污染具有应急效应，但社会为此付出的代价也比较高，如果总靠企业停产进行强制性减排，势必影响企业正常的生产运营，进而影响到行业发展和市场环境；若只靠党政机关和事业单位带头减排，没有长效的奖惩机制引导全社会的行为，那么空气质量的改善仍将是一个不可实现的目标。在全民环保呼声日渐强烈的时代，政府相关部门治理污染的压力也与日俱增，工作方式和治理措施更需要创新性突破，才能够标本兼治。与此同时，随着社会组织的日益壮大和成熟，政府作为社会系统中的一个部分，单靠自身力量已越来越难以应对复杂的公共事务，充分发挥市场和社会的治理作用不仅会降低政府的执政成本，而且可以更加有效地解决实际问题，这即是划分政府类型的第二个维度——治理的协作性。环境越是动荡，对治理的协作性要求也会越高。同样是空气污染治理的例子，治理空气污染不能只靠本地政府的单一力量，由于大气受周边地区的影响很大，具有明显的区域性特点，如果仅是一个城市采取这些措施，相邻地区照旧排污，那么效果也不会很明显。因此，要标本兼治就需要建立各省区市联防联控机制，加强相邻地区的政府间合作。另外，环保是整个社会的公共问题，政府更需要引导社会力量的参与，形成政府与社会的合作治理模式。

根据政府工作的创造性以及治理的协作性，可以将政府的战略角色分为四类，即保持者、稳定者、开发者和平衡者，分别对应于平静的、局部平静的、骚动的和动荡的环境类型。保持者采用的战略对政府工作的创造性和协作性要求都较低，对权威网络回应的要求也不高。在平静的环境中，保持者战略只需要组织按照事先规定的流程、程序和标准开展活动，但当外部环境发生变化，保持者战略就需要向开发者或稳定者战略转变。这是组织最低可接受的战略。图6-11左下方的象限属于这一类型。例如，改革开放之前的国家档案局对社会大多数人而言带有一定的神秘感，档案局的服务意识淡薄，重保存轻利用，它只需要做好档案的归档、保存和维护工作就算称职。但随着社会公众要求公开政务信息的呼声日渐高涨，像档案局这样的政府部门开始创造性地开展民生服务工作，各级档案部门陆续推行"已公开现行文件查阅服务"，将当地政府现行文件放到档案馆，供公众免费查阅甚至索取，这被视为档案部门增强服务意识、推进主动服务的重要举措，也是档案局从保持者战略向开发者战略转变的开始。

稳定者处于局部平静的环境下，政府采取行动的压力相对较低，政府进行创造性活动的条件还尚未成熟，但由于外部期望较高，因此需要政府加强与外部的沟通和合作，增强政府信息的公开性和透明度，向公众传达政府愿意了解问题、解决问题的诚意；同时，还要完善社会公众的参与机制，官民联动探寻问题解决的创新性工作方法。当条件成熟时，稳定者战略会转向开发者战略或平衡者战略。当前，政府面临的官员财产公开的议题还使其处于稳定者的角色，有关官员财产公开的话题讨论，几乎已经延展到所有应该到达的领域，经由不停刷新的公共事件接力推动，该项制度建立并实质性运作的迫切性已成为社会的普遍共识，但任何一项好的制度推行一定要有水到渠成的过程和好的环境。当人们要求改革的领域的现实条件和土壤还不完备时，政府要做的就是给社会一个合理的回应，并积极创造解决问题的条件，以回应公众的期望，稳定社会秩序。

发现者战略对治理的协作性要求不高，但由于政府采取行动的压力较大，需要相关部门以高创造性工作应对行动中的高压，政府应采取积极行动或以开创性的工作方式应对快速出现的外部新需要。由于在骚动的环境中，外部回应度较低，外部新需要要由政府部门主动去发现，所以发现者战略通常在外部利益相关者还没有意识到问题的情况下就已洞察到采取行动的必要性，从而抓住关键机遇，发挥自身优势，规避劣势和外部威胁。这类战略角色通常适用于那些内部能力较强，但外部控制较低的专业性组织，这类组织通常具有特殊的使命，并在规定的领域享有一定特权，有时甚至可以不理会立法机关和法院的命令，安全部门或情报部门都属于这一类型，但当环境继续恶化和不确定时，发现者战略就需要向平衡者战略转变。

平衡者战略对应的环境类型最为动荡，需要政府组织以高创造性的工作和高协作性的治理方式应对外部环境。如何在各种需求和利益相关者之间取得平衡是这一战略的关键目标。在动荡的环境中，作为战略管理者的政府部门不仅需要寻找解决问题的有效方案，更重要的是如何通过谈判和协商寻找利益各方都能接受的"利益均衡点"。我国正处于社会转型期，同时也是一个矛盾突发期，环境的复杂性和动荡性日益加剧，与之相对应，对政府应对内外部环境的能力提出了更高的要求。尽管环境复杂多变，但政府战略管理者需要的绝不是敢于硬碰硬的勇气，而是需要更加建设性、创造性以及协作性的智慧，确保以理性、客观、公正的管理理念寻求各方都能接受的战略方案。

三、将战略程序贯穿到子单位及职能部门

将战略程序贯穿到子单位及职能部门是保证战略贯彻落实的重要环节，而要保证战略在基层得到最大可能的执行和落实，需要从战略制定环节就构建上下联动的综合管理组织系统（如图6-12所示）。战略管理过程并不是仅高层决策者就能完成的，从信息收集到初步形成战略方案，再到战略方案的修正及付诸实施，是一个需要经过"两上两下"才能完成的过程，涉及从决策委员会、行政首长、各部门、各司局的整个战略管理组织系统。要保证战略顺利推进和执行，就需要建立一个战略管理体系将组织系统的各部分以恰当的方式整合起来，形成一个上到决策委员会，下到

具体司局处室的综合管理系统。图 6-12 清晰地描述了战略制定中的上下联动机制,这一民主过程为确保战略在各个基层单位贯彻落实提供了保证。因为,经过"两上两下"的战略沟通和信息传达,各利益相关者已在某种程度上达成妥协和共识,最终形成的战略方案在贯彻实施时,基层部门已非常了解战略制定的背景、初衷和意图,基本接受和认同上级的战略指示,因而在执行中会更加积极地采取行动推动战略实施。

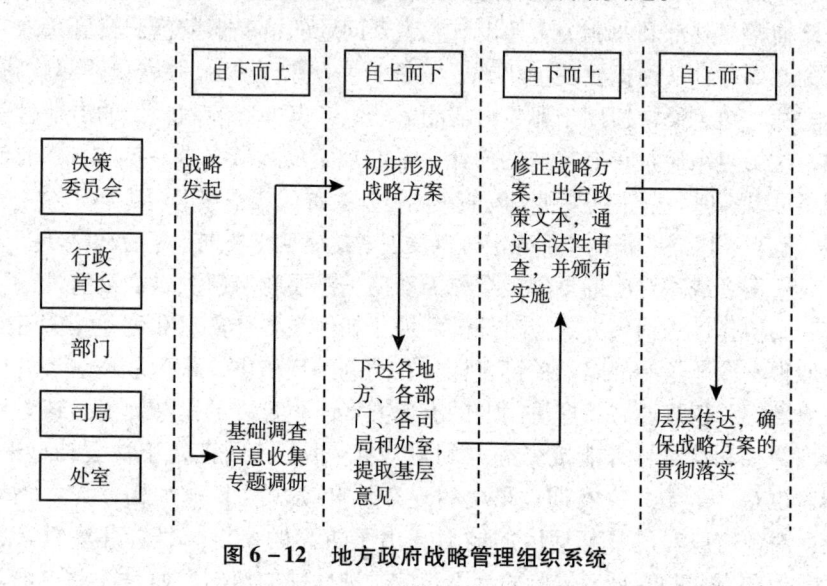

图 6-12 地方政府战略管理组织系统

第四节 战略评价

战略评价是对已经完成的战略性规划、计划、政策的目的、执行过程、效益、作用和影响所进行的系统客观的分析。通过对战略活动实践的检查总结,确定战略预期的目标是否达到,战略或战略规划是否合理有效,战略的主要效益指标是否实现,通过分析评价找出成败的原因,总结经验教训,并通过及时有效的信息反馈,为未来新战略的决策提出建议(胡光宇,2010)。

一、战略全过程中的评价

评价活动贯穿于战略管理的全过程中(如图 6-13 所示)。(1)在战略分析阶段,主要有战略环境评价和战略目标评价。战略环境评价主要是对组织进行 SWOT 分析,明确战略制定前组织的优势、劣势、机会和威胁;战略目标评价主要分析组织预设战略目标的科学性、合理性与组织使命的一致性,即检验预设目标是否符合经济社会发展规律,是否符合战略需求,是否在战略管理者、执行者的能力范围,从而根据这些判断对战略目标做出调整(胡光宇,2010)。(2)战略制定阶段的评价活动主要针对备选方案和利益相关者。战略方案评价主要从成本收益、预期效果、资源情况、权威网络支持等方面对各备选方案进行排除,从中选择最符合组织实际的战略方案;利益相关者评价主要是从组织面对的利益相关者的重要性和立场等方面分析组织的关系网络。(3)战略实施阶段的评价主要包括战略执行评价和战略动态调整。战略执行评价主要检测战略方案在执行阶段是否有缺失,政府部门的作业流程是否有效率,资源分配是否经济公平等。战略动态调整是在执行评价的基础上,及时发现战略运行中的问题,并反馈给战略决策层、管理层,使战略活动得到调控。(4)战略后评价包括战略结果评价和战略影响评价。战略结果评价是在战略执行完成后,对战略目标的完成情况、战略的效果、直接影响等所进行的全面系统的分析,总结正反两方面的教训,可以比较公正客观地确定战略决策者、管理者和执行者在工作中存在的问题,为进一步提高战略决策和管理水平提供依据。战略影响评价主要评价战略对环境、社会发展带来的影响。

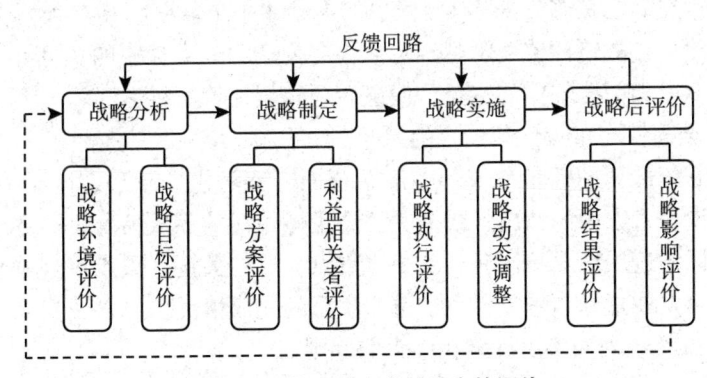

图 6-13 战略管理全过程中的评价

前三个阶段的评价活动嵌套在战略分析、战略制定和战略实施的过程中,前面的论述中已有涉及。本章重点阐述地方政府战略后评价中的战略结果评价。为使论述更贴近地方政府战略管理的实践,我们以地方国民经济和社会发展五年规划（以下简称"地方五年规划"）的结果评价为例，对地方战略管理的评价活动进行说明。之所以选择五年规划为例，一方面，是因为"五年规划"是一项极具中国特色的制度安排，而国际上通用的评估方法主要集中在项目评估领域和以标杆管理、平衡计分卡为代表的政府绩效评估领域（鄢一龙、王亚华，2009），这些方面很难照搬到对地方政府战略的评估中。另一方面，地方五年规划是统领地方各专项规划（如城市规划、教育规划、科技规划等）的总体纲领，规定了地方国民经济和社会发展的远景目标和方向，涵盖政治、经济、社会、文化、生态等各个领域，直接涉及各行各业广大人民群众的切身利益，是统领地方经济和社会发展的战略性纲领，也是地方政府当前最重要的战略管理活动。因此，以地方五年规划为例对地方战略评价的参与主体、评价内容、评价方法进行阐释，不仅可以为地方其他专项规划的评价提供参考和借鉴，而且可以为创新和完善本土化的战略评价方法进行探索。

二、战略评价的原则与组织机制

（一）战略评价的原则

1. 民主性与科学性相结合的原则。

五年规划的实施涉及各个社会阶层，同时许多方面具有很强的专业性。因此，在战略评价中除广泛听取社会公众和人大代表的意见外，要征询有关专家和职能部门的意见，保证专项规划评价的科学性。

2. 全面性与重点性相结合的原则。

对五年规划的评价要统筹兼顾，全面考察经济、政治、社会、文化、生态建设等各方面的情况，既要关注约束性指标的完成情况，又要关注预期性指标的进展情况。同时，要突出重点，抓住关键，重点审查好主要的经济社会发展指标、重点任务、重点项目的完成情况。

3. 五年规划与年度计划相结合的原则。

五年规划是以五年为一个时间周期所作的总体安排。同时，按照法律规定，人民代表大会每年都审查批准国民经济和社会发展的年度计划。年度计划是五年规划在每年的具体化。因此，在对五年规划进行评价时，要注意与年度计划的实施情况相衔接，把对两者的监督紧密结合起来，协调推进。

4. 总体规划与专项规划相结合的原则。

围绕五年规划的实施，许多地方制定了一些科技、文化、体制创新等方面的专项规划，这些专项规划在时间上与五年规划是同步的，在内容上是五年规划的重要支撑和重点分解。在五年规划的战略评价中，若忽视对专项规划落实情况的考察，评价工作就会难以到位。

5. 定性评价与定量评价相结合的原则。

地方五年规划中既包括定量性的战略目标，也包括难以量化的任务目标。对战略目标的评价主要以定量分析为主，评价规划末期的目标完成度。对任务性目标可以定性描述为主，对任务内容和已完成进度进行情况说明。

（二）战略结果评价的组织机制

战略结果评价主要是对战略目标的完成情况进行定性和定量的评价。我国政府在规划工作中存在着"重编制、轻实施、缺评价"的状况。当前，我国地方政府五年规划的战略评价主要是根据《国家"十一五"规划纲要》第48章的规定，开展中期评估，以根据形势的变化调整战略目标和任务，尚未开展战略后评价。为保证地方五年规划提出的各项战略目标和具体任务贯彻落实，有必要对地方五年规划战略评价的组织机制、评价内容以及评价结果的运用进行系统研究。

1. 组织机制。

地方五年规划的评价机构应包括两大组织系统（如图6-14所示），一是规划评价的监督领导小组，由地方人民代表大会常务委员会领导，以财经委为主，吸收其他专门委员会的相关成员参加。二是规划评价的工作小组，一般由地方政府组织实施，地方行政首长或副职担任工作小组组长，发改委主任等重要规划部门的负责人担任副组长，其他地方政府职能部门的负责人担任小组成员。评价工作小组下设办公室，一般设在发改委。

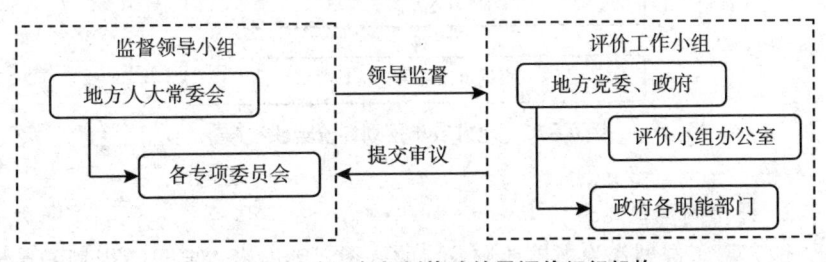

图6-14 地方五年规划战略结果评价组织机构

五年规划评价的程序主要包括六个阶段（如图6-15所示）：（1）准备阶段。由发改委与人大常委会进行工作衔接，确定人大常委会对五年规划评价审议的工作安排。（2）成立评价工作小组。成立由地方发改委牵头，各职能部门参与的评价工作小组，并借助高校或各专业团队的力量成立专门的课题组。拟订评价报告撰写提纲及分工表，各部门启动自评工作。（3）形成报告初稿。各部门完成本单位自评并报送发改委成立的课题组，课题组在综合各部门自评报告和检查的基础上，完成评价报告初稿，并向人大、政协汇报评价工作的进展情况。（4）公开征求意见。将评价报告初稿通过网络公开，征求社会意见；组织召开专家、部门的座谈会，在此基础上完成五年规划的评价报告。（5）送审阶段。评价报告向人大、政协征求意见并修改，报送政府常务会议讨论通过后，提交人大常委会审议。（6）整改阶段。根据人大反馈的审议意见，进行整改，并将整改落实情况上报人大常委会。

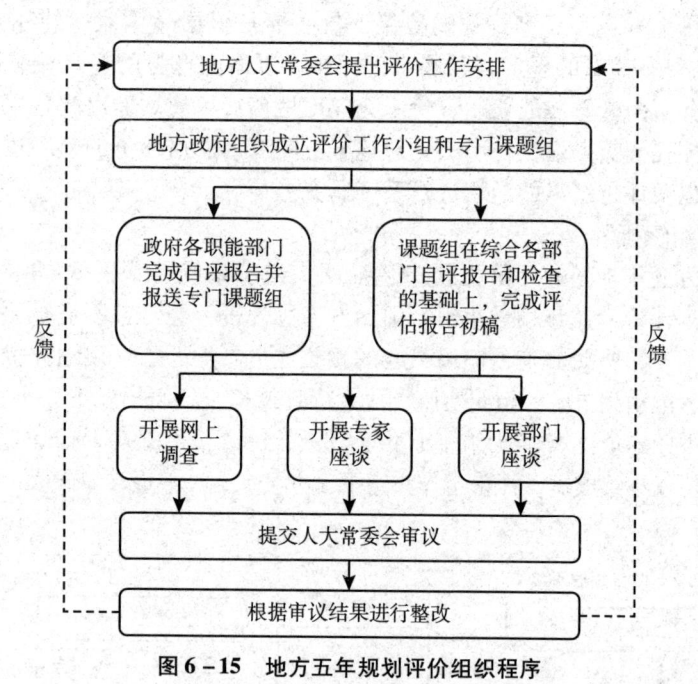

图6-15 地方五年规划评价组织程序

2. 评价内容。

地方五年规划作为指导地方发展的蓝图，其内容主要包括规划的指导方针、战略目标、具体任务和规划实施，其中，指导方针是总体规划要坚持的基本思想；战略目标是规划的核心、具体任务是对战略目标的细化，规划实施是实现规划任务的保障。因此，对地方五年规划的结果评估主要包括：(1) 战略目标的完成情况。地方五年规划纲要中包含了地方发展目标的若干重大指标，如总量与增长指标、结构指标、人均指标、约束性指标等，以及重点专项规划中提出的主要指标等，战略评价主要是看其是否达到预期进度，进一步分析预测未来战略目标的定位。(2) 具体领域重点任务的完成情况，主要包括地方五年规划纲要中提出的经济、社会、城市发展等方面的主要任务完成情况；采取的政策措施的贯彻落实情况；存在的问题和不足，以及为全面完成"十一五"规划纲要需采取的主要措施。各地区根据发展情况的差异，分别设计不同的评价指标。如对发展水平较高的地区，经济方面应重点围绕产业结构的调整优化进行评价；社会方面重点评价就业和社会保障工作、科技服务工作、教育文化和卫生事业等内容；城市建设与管理方面重点评价市政道路建设与城市管理，综合治理水平等内容；政策落实方面重点评估政府职能转变、政策引导力度、基层民主法制建设和规划组织实施等内容。(3) 若干重大项目推进情况，包括列入地方五年规划重大项目和重点专项规划中重大项目实施情况。

三、战略结果评价方法

(一) 定量目标评价

各地方在五年规划纲要中会根据上次规划的执行情况设定本次规划的目标值。定量目标评价就是将实际完成值与目标规划值进行比照，通过计算指标完成率来评价战略指标的完成情况。指标完成率即实际增长量占规划增长量的比值，计算的是相对变化量之比，不是绝对量之比。完成率在100%以上说明超额完成，在100%之下说明未完成。另外，规划指标完成率的计算需要区分指数型和线性型增长指标。除国内生产总值、城乡居民人均收入等为指数型增长指标外，大多为线性型增长指标。

线性增长型指标完成率的计算方法：

$$CR = \frac{I}{P} = \frac{(i_2 - i_1)}{(p_2 - p_1)} \quad (6.1)$$

其中，CR 为完成率，I 为评估时期实际提高量，P 为规划提高量，i_1 为评估期初值，i_2 为评估期末值，p_1 为规划期初值，p_2 为规划制定的期末值。

指数型增长指标的计算方法：

$$CR = \frac{I}{P} = \frac{\left(\dfrac{i_2}{i_1} - 1\right)}{\left(\dfrac{p_2}{p_1} - 1\right)} \quad (6.2)$$

以上计算方法主要针对的正向指标，即实际变化量越大越好，而对于逆向指标，即变化量越小越好，则可以按下式进行换算，其中，T_i 为评估期年数，T_p 为规划期年数。

$$CR_c = \frac{2T_i}{T_p} - CR \quad (6.3)$$

（二）定性目标评价

对定性目标进行评价的关键是构建科学的评价指标。评价方法是指标参照法。按照目标指向，比前一个计划期好的，评价为良好；相近的，评价为正常；表现差的，评价为较差（鄢一龙、王亚华，2009）。为保证指标的效度，尽量选用与统计年鉴或其他评价中相一致的指标，测量结果与其他已有测量方法相一致，可以判断指标的改善或恶化。以"开放型经济达到新水平"和"地区差距扩大的趋势得到遏制"为例进行说明（如表6-7所示）。

表6-7　　　　　　　　定性目标评价方法示例

规划目标示例	概念定义	操作性概念	指标选择	数据来源	评级方法
地区差距扩大的趋势得到遏制	地区间的发展水平差距	地方管辖区内的人均收入水平差距，消费水平差距	人均地区生产总值相对差异系数，农村恩格尔系数相对差异系数	各地方统计年鉴	增长速率扩大为较差，不变为正常，缩小为良好
开放型经济达到新水平	要素、商品与服务可以较自由地跨国界流动，从而实现最优资源配置	分商品、服务的开放度，关税壁垒的降低，资本的自由流动性	外贸依存度	各地方统计年鉴	扩大良好，不变为正常，缩小为较差
			实际关税率 非金融对外投资额		增长率扩大良好，不变为正常，缩小为较差

资料来源：鄢一龙、王亚华：《经济社会发展规划实施评估方法》，载《经济研究参考》2009年第50期，第50～55页。

四、战略评价结果的运用

五年规划的战略评价能否取得成效，关键在于抓好评审意见的落实。地方政府应在地方人大常委会的领导监督下，采取有效措施，确保评审意见得到贯彻落实。

第一，督促政府及有关部门限期反馈研究落实评审意见的情况。评审意见交地方政府研究处理后，地方人大常委会要责成其在一定期限内将研究落实情况向人大常委会提出书面报告。必要时，人大财经委可以组织初审委员会的成员对政府的研究落实情况报告进行审查，重点审查政府对常委会提出的改进工作的建议是否提出了落实意见、落实意见是否科学合理；如果不妥，提出修改意见，由政府修改后再书面提交人大常委会。

第二，对政府落实审议意见的情况进行跟踪监督。分解落实督查任务，组织有关专门委员会进行调查、视察或检查，跟进督促，落实审议意见的重点工作。监督小组要对政府的贯彻落实情况进行实践调查，到一线、到基层、到现场了解真实情况、查看进度、督促落实。发现问题，及时向常委会报告，向有关部门反馈，督促抓好整改。

第三，对政府落实审议意见的情况进行满意度测评。地方政府及相关部门落实整改后，地方人大常委会应听取政府关于落实五年规划评价报告审议意见情况的报告，对落实审议意见的有关工作分项打分测评，提出整改意见，确保落到实处。对于能够落实但工作不力、常委会不满意的，可采取特定问题调查、质询、询问等刚性监督措施，加大督促落实的力度。

第四，将评价结果和整改情况通过媒体向社会公布，接受社会公众监督。对地方人大常委会的监督工作和政府落实审议意见的情况，组织报纸、广播电台、电视台等新闻媒体，搞好全程跟踪报道，并通过人大网站和机关刊物等渠道，及时公开，使人大监督与公众监督结合起来，取得最大的监督效果。

第七章

案例分析：北京建设世界级城市群的战略管理

建设以首都为核心的世界级城市群是"十四五"时期北京市委、市政府科学把握国内外发展形势和北京市新时期的发展特征做出的重大战略决策。本章选择北京建设世界级城市群的案例，根据以上建构的理论框架，对北京市政府战略管理中的理念、协作结构和过程进行具体分析。

第一节 案例背景介绍

一、世界级城市群概述

城市群与都市圈是两个相互联系又有区别的概念。为解释城市群的概念，首先了解何为都市圈。都市圈的概念最早由法国地理学家简·戈特曼（Jean Gottman, 1957）提出，戈特曼认为都市圈是指多个大城市地区连接成的巨型化、一体化的居住和经济活动的群集地带。1910 年，美国首次采用了都市圈（metropolitan areas）概念，最初应用于城市人口统计，并将其定义为都市圈内有一个 20 万人口以上的城市，在城市行政边界以外 10 公里范围内的最小行政单元的人口密度为 150～200 人/平方英里。1990 年以后统一定名为都市圈（metropolitan area, MA），保留了一直以来的城市地区（urbanized area, UA）的人口标准，围绕这一核心的都市区地域由中心县和外围县构成（郭熙保，2006）。1960 年，日本提出了"大都市圈"的概念，规定中心城市为政令指定城市或人口规模在 100 万以上的大城市，周边分布一个或多个超 50 万人的城市。目前日本总务省统计局界定都市圈的标准为：都市圈由中心市和周边市町村组成，中心市的人口标准为 50 万人以上。据此日本政府在全国划分出三大都市圈（东京、中京和京阪神）以及地方都市圈（郭熙保，2006）。西方其他国家的都市圈界定标准基本上是仿效美国的标准设立的，如法国的 ZPIU（Zonede Peuplement Industrielou Urbain），英国的 SMLA（Standard Metropolitan Labour Area），加拿大的 CMA（Census Metropolitan Area）等。

中国关于都市圈的官方界定在 2019 年国家发展改革委发布的《关于培育发展现代化都市圈的指导意见》中，明确都市圈是指城市群内部以超大特大城市或辐射带动功能强的大城市为中心、以 1 小时通勤圈为基本范围的城镇化空间形态①。与都市圈相区别，城市群是由若干个都市圈构成的广域城镇化形态，其内部应该包含若干个中心城市。在体量和层级上，都市圈要低于城市群的概念。

二、北京建设世界级城市群的历史背景

20 世纪 80 年代，由北京市组织的《首都发展战略研究》提出了将北京建设成为与纽约、伦敦、巴黎、东京、莫斯科并肩的世界中心城市的长远目标。② 但囿于国家总体状况和北京发展条件的限制，这一目标被认为离现实很遥远。到 20 世纪 90 年代中期以后，北京提出了要建设国际化大都市的目标。2000 年北京"十五"规划中首次提出了到 21 世纪中叶，建成当代世界一流水平的现代化国际大都市。2005 年，经国务院批复的《北京城市总体规划（2004—2020）》，提出了北京城市发展的三阶段目标：第一阶段，全面推进首都各项工作，努力在全国率先基本实现现代化，构建现代国际城市的基本构架；第二阶段，到 2020 年左右，力争全面实现现代化，确立具有鲜明特色的现代国际城市的地位；第三阶段，到 2050 年左右，建设成为经济、社会、生态全面协调可持续发展的城市，进入世界城市行列。为了适应首都现代化建设的需要，《北京城市总体规划（2016 年 – 2035 年）》进一步明确提出了要将北京建设成为国际一流的和谐宜居之都和构建以首都为核心的京津冀世界级城市群体系。至此，北京

---

① 国家发展改革委：《关于培育发展现代化都市圈的指导意见》，发展改革委网站，2019 年 2 月 21 日，http://www.gov.cn/xinwen/2019 – 02/21/content_5367465.htm。
② 达即至：《制定发展战略 振兴首都北京——首都发展战略研究工作会议纪要》，载《城市问题》1985 年第 2 期，第 43 ~ 44 页。

建设世界级城市群的战略决策正式确定。

第二节　北京建设世界级城市群的战略理念

北京建设世界级城市群是北京顺应历史潮流、回答现实发展的必然选择。这一战略选择为应对全球竞争的严峻形势，开创北京发展的新阶段，带动区域经济全面快速发展提供了难得的历史机遇，更反映了党中央及北京市决策层具有系统观、历史观、国际观、创新观和科学观的战略管理理念。

一、系统观：京津冀协同发展

纵观世界城市的发展，大都经历了大城市—大城市地区—大都市圈—全球城市区域的发展路径。纽约区域规划协会（RPA）先后在1921年、1968年和1996年为纽约大都市圈做了三次规划，在规划的指导下，纽约向周边区域辐射、延伸，逐渐形成了跨越10个州的大都市圈。东京早在第二次世界大战之前就开展了大都市规划的编制工作，20世纪50年代后期几乎每10年就编制一次规划，从1956年的《首都圈整备法》到1999年的"东京都市圈"规划，将发展目标确定为将首都圈建设为更具经济活力、充满个性和环境共生、具备安全舒适高品质生活环境的可持续发展区域。可见，世界城市的建成和发展离不开区域的协同合作。

自2004年国家发展改革委召集京津冀三省市达成"廊坊共识"以来，无论是顶层设计还是政策落地，三地一体化发展的任务都取得了显著成效。2015年《京津冀协同发展规划纲要》颁布，提出京津冀协同发展的功能定位是建立以首都为核心的世界级城市群，并规划了三地的具体定位；2021年，《北京市国民经济和社会发展第十四个五年规划和二〇三五年远景目标纲要》（以下简称北京"十四五"规划）提出要在北京"一核"的辐射带动作用下，建成并完善京津冀世界级城市群构架。国家"十四五"规划中也提出要抓住疏解北京非首都功能这个"牛鼻子"，保持雄安新区和北京城市副中心的高标准高质量建设，推动京津冀产业链的协同发展和深度融合。这体现了国家对于京津冀城市群的高度重视和战略定位，同时也以大系统观的战略思维明确了北京在区域乃至全国的发展方向。

二、历史观：城市更新与历史文化保护相结合

北京建设世界城市并非是破坏式的大拆大建，也不是资本暴力下的开发商主导。如何将现代城市建设与古都风貌保护有机结合考验着城市管理者的历史战略观。北京作为800年的历史古都，其旧城构建体现了中国的哲学思想、人文传统、美学观念和建筑技术，是人类古代城市设计的东方典范，也是中国人民智慧的结晶。

自2010年北京专门成立历史文化名城保护委员会以来，委员会按照北京市的总体城市规划，编制历史文化名城保护规划，研究功能核心区的"道路红线"，按照现有胡同肌理、街道走向等进行重新完善、科学规划。2021年《北京历史文化名城保护条例》经北京市第十五届人民代表大会第四次会议通过，条例明确了北京历史文化名城保护实行保护名录制度和保护责任人制度，并指出规划编制部门应当有计划地编制保护规划，并作为专项规划纳入相应层级的国土空间规划。北京"十四五"规划将从整体上对老城进行规划，保护两轴与四重城郭、棋盘路网和六海八水的空间格局，加快中轴线申请世界文化遗产，基本建成大运河、长城国家文化公园，创建"三山五园"国家文物保护示范区，推动北京老城的保护和复兴，打造弘扬中华优秀传统文化的典范城市。

三、国际观：建设开放与包容的国际交往中心

对全球政治经济文化具有控制力与影响力是世界城市的两个核心功能。控制力表现为对全球战略性资源、战略性产业和战略性通道的占有、使用、收益和再分配。影响力是文化、意识形态和制度的吸引力和说服力。进入21世纪，经济全球化、政治多极化、社会信息化和文化多元化的发展加速了全球网络的形成，世界城市的发展取决于其参与全球化的程度。中国作为世界经济体的重要组成部分和颇具发展活力的国家之一已被世界各国所承认。

根据国际大会与会议协会（ICCA）发布的数据，2019年度北京举办高规格国际会议的数量为91场，位居亚太城市第五位、中国第一。从2014年APEC会议和2016年G20杭州峰会到2019年"一带一路"国际合

作高峰论坛等高端国际会议的成功举办,从国际竹藤组织第一个将总部设立在北京,到上海合作组织、联合国可持续农业机械化中心、国际地球数字学会、金砖国家新开发银行、亚洲基础设施投资银行和联合国教科文组织教师教育中心等的总部相继选择在北京落户,北京向世界展示了其建设国际交往中心的实力。北京拥有世界500强企业的数量(如表7-1所示)以及北京大兴机场的投入使用,也体现了北京向国际商务管理中心不断迈进的步伐。北京"十四五"规划中,明确提出了要加快建成国际交往中心,不断加强大兴国际机场、城市副中心和雁栖湖国际会都的基础设施建设和接待能力。同时,要完善国际交往区域的环境治理、规划建设和加快国际会展业发展。

表7-1　　　　　　　　北京拥有世界500强企业情况

项目	2017年	2018年	2019年	2020年	2021年
中国拥有世界500强企业总数(家)	115	120	129	133	143
北京拥有世界500强企业数(家)	56	53	56	55	59
北京占全国的比重(%)	48.70	44.17	43.41	41.35	41.26

资料来源:根据《财富》历年世界500强企业榜单整理。

四、创新观:科技创新中心建设全面加速

创新是世界城市发展的原始动力。19世纪的伦敦是第一次科技革命的推动者;20世纪初的纽约是电力技术革命的推动者;20世纪70年代以后的东京是信息技术为代表的新技术革命的推动者。世界城市的发展历程表明,科技革命和创新与世界城市的建立有着密切的关系。北京建设世界级城市群必须要实施创新型城市战略,而创新型城市首先是世界一流的研发中心。在发展规划中北京提出建设国际科技创新中心的目标,也是基于长时期在科技创新方面的积累及取得的巨大成就。根据《北京统计年鉴2020》的数据,2019年研究与试验发展(R&D)经费内部支出达2233.6亿元,相当于地区生产总值的6.31%,专利申请量达226113件,专利授权量达131716件。2016年9月,国务院印发《北京加强全国科技创新中心建设总体方案》,提出要发挥中关村国家自主创新示范区的主要载体作用。2017年,北京委市政府作出以"三城一区"为平台加快建设全国科技创新中心的决策部署,提出聚焦中关村科学城,建设原始创新策

源地和自主创新主阵地。北京"十四五"规划中提出要制定实施国际科技创新中心建设战略行动计划,建设科技北京,推进在京国家重点实验室体系重组,集中力量攻破一批"卡脖子"关键核心技术。

五、科学观:走出绿色发展新路径

要建成国际一流的和谐宜居之都,关键是要改善环境质量,建成生态城市。第一,要打好污染防控攻坚战,要推动能源低碳革命,强化碳减排技术保障支撑,提升城市系统碳汇能力,构建现代低碳治理体系。北京"十四五"规划中指出要推动重点领域的绿色发展,深化改革碳排放权交易市场,大力发展可再生能源,以治理挥发性有机物和氮氧化物为关键,通过农村煤改电、交通能源调整和控制石化生产等措施应对秋冬大气污染。据统计,2021年1~7月,京津冀及周边地区"2+26"城市PM2.5累计浓度为44微克/立方米,同比下降18.5%。1~7月北京PM2.5累计浓度为37微克/立方米,同比下降7.5%[①]。第二,加强区域内山水林田湖草系统治理和生态系统修复。2018年,京冀两省市共同签署《密云水库上游潮白河流域水源涵养区横向生态保护补偿协议》,按照"成本共担、效益共享、合作共治"[②] 的原则共同治理水生态环境。第三,严格实施垃圾分类制度。北京"十四五"规划中指出要全面开展垃圾分类制度,把垃圾分类纳入社区管理,落实垃圾分类管理责任人制度,从源头到垃圾处理的全过程实现垃圾减量和再利用。

第三节 北京建设世界级城市群的区域协同机制

世界级城市群建设并非靠一个城市的力量就能完成。北京建设世界城市自然离不开与周边区域省份和地区的协同合作。京津冀在产业发展、科技创新、公共服务三大领域的协作是建设世界级城市群的关键。

---

① 北京市发展和改革委员会:《京津冀三地协同办在中关村论坛(科博会)联合举办京津冀协同发展成效展》,北京市人民政府门户网站,2021年9月28日,http://fgw.beijing.gov.cn/gzdt/fgzs/tpxw/202109/t20210928_2503783.htm。

② 中国日报网:《河北省与北京市签订密云水库上游潮白河流域水源涵养区横向生态保护补偿协议》,河北省生态环境厅官网,2018年11月9日,http://hbepb.hebei.gov.cn/hbhjt/xwzx/meitibobao/101593685546469.html。

一、京津冀产业融合发展机制

1. 实现功能定位和优势互补。

产业发展和升级首先要找到产业定位和方向。京津冀由于其社会经济水平和资源优势存在差异,势必会导致产业类型和成熟度的参差不齐。根据《京津冀协同发展规划纲要》,北京市要定位于"全国政治中心、文化中心、国际交往中心、科技创新中心",天津市要建成"全国先进制造研发基地、北方国际航运核心区、金融创新运营示范区、改革开放先行区",河北省要成为"全国现代商贸物流重要基地、产业转型升级试验区、新型城镇化与城乡统筹示范区、京津冀生态环境支撑区"[①]。具体而言,北京的首要任务在于疏解非首都功能,实现减重减负减量发展;天津的重点在于优化结构,基于现有的产业结构实现创新驱动、结构转型和新旧动能转换;河北利用土地、人力成本低的优势调转战略,发展新的经济增长点,倒逼企业转型,振兴传统产业,发展新兴产业。

2. 合理布局构建产业链。

2016年京津冀联合制定了《京津冀产业转移指南》,旨在实现生产要素的有效配置和发挥产业集群效应,推动京津冀产业链上下游企业协同发展,实现区域共赢。《京津冀产业转移指南》构建了京津冀未来的产业发展格局,即"一个中心、五区五带五链、若干特色基地"(简称"1555N")[②],"一个中心"即指北京要建成国际科技创新中心,依托自身的经济实力和人才优势,承担京津冀地区的产业研发和设计等功能,以中关村创新基地为主体,着力于高精尖关键核心技术的研发,辐射和带动整个区域。"五区"指以北京中关村、天津滨海新区、唐山曹妃甸区、沧州沿海地区和张承地区作为产业引擎,通过政策支持和引导,率先进行产业升级,带领区域发展。"五带"是指以京津走廊高新技术及生产性服务业产业带、沿海临港产业带、沿京广线先进制造业产业带、沿京九线特色轻纺产业带和沿张承线绿色生态产业带为基本规划产业布局。"五链"是指以汽车产业链、新能源装备产业链、智能终端产业链、大数据产业链和现代农业产业链形

---

① 《京津冀协同发展规划纲要》,北京市昌平区人民政府官网,2018年4月13日,http://www.bjchp.gov.cn/cpqzf/315734/tzgg27/1277896/index.html。

② 工业和信息化部、北京市人民政府、天津市人民政府、河北省人民政府:《京津冀产业转移指南》,中华人民共和国工业和信息化部官网,2016年6月7日,https://www.miit.gov.cn/zwgk/zcwj/wjfb/zh/art/2020/art_4887131b3b984844a74f228790a47080.html。

成区域特色，在与京津冀现有产业基础融合的基础上进行创新，推动产业布局合理化。"若干特色基地"是指以点状的集群产业作为"五区五带五链"的补充，在发挥龙头企业和品牌的带领作用的同时提升区域竞争力。

3. 完善配套设施建设。

近年来，京津冀大力推进产业转移和对接，在提升区域总体实力的同时也疏解了北京的非首都功能。京冀曹妃甸协同发展示范区签约项目达235个，北京在雄安新区注册成立超千家企业。中关村企业在津冀两地设立分支机构累计超9100家，北京流向津冀技术合同成交额累计超1600亿元[①]。为了更好地吸引北京高端产业的进入和推进产业落地，津冀两地不断完善承接环境。《河北雄安新区规划纲要》明确提出要打造高新技术产业基地和平台，如搭建国家新一代人工智能开放创新平台、打造国际领先的工业互联网网络基础设施和平台、建设世界一流的生物技术与生命科学创新示范中心、高端医疗和健康服务中心、生物产业基地等[②]。

二、科技创新合作机制

《京津冀协同发展规划纲要》将京津冀整体定位于全国创新驱动增长引擎，为实现这一目标，要加快打造京津冀协同创新体。《北京加强全国科技创新中心建设总体方案》提出要构建区域协同创新共同体并将北京建设科技创新中心上升到战略地位，并制定了相应的规划方案。《北京加强全国科技创新中心建设重点任务2020年工作方案》中也指出要聚焦"科学"与"城"的功能，推进"三城一区"的规划和建设，中关村科学城要强化创新策源地能力建设，怀柔科学城要努力建成国家级科学中心，未来科学城要增强创新要素的流动和聚集，北京经济技术开发区要加强对外开放程度[③]。除此之外，北京还深入推动京津冀创新产业的联动发展，积极依托自己的科技优势和人才优势，推动创新要素和创新资源向天津和河北转移和辐射，促进科技创新成果在天津和河北的落地和转化，促进与两

---

① 北京市发展和改革委员会：《京津冀三地协同办在中关村论坛（科博会）联合举办京津冀协同发展成效展》，北京市人民政府门户网站，2021年9月28日，http://fgw.beijing.gov.cn/gzdt/fgzs/tpxw/202109/t20210928_2503783.htm。

② 中共河北省委、河北省人民政府：《河北雄安新区规划纲要》，中国雄安官网，2018年4月21日，http://www.xiongan.gov.cn/2018-04/21/c_129855813.htm。

③ 北京市科学技术委员会：《北京加强全国科技创新中心建设2020年"施工图"发布》，北京市人民政府门户网站，2020年2月26日，http://www.beijing.gov.cn/ywdt/jiedu/zxjd/202002/t20200226_1835451.html。

地的产业深度融合，构建高新技术产业链条。据统计，输出到津冀的技术合同成交额累计约780亿元，中关村企业在津冀设立分支机构累计达7400多家①。

三、公共服务协作机制

《京津冀协同发展规划纲要》提出，到2030年，要加快京津冀公共服务一体化改革，推动京津冀区域公共服务水平趋于均衡。因此，要推动北京优质公共服务向天津和河北倾斜与合作，主要包括六方面。第一，教育方面，发挥北京高校人才聚集的优势，发展跨区域的联盟组织和人才交流活动，截至目前，已经成立了14个跨区域特色职教集团（联盟）、"京津冀协同创新联盟"等12个创新发展联盟。第二，医疗卫生方面，加快医疗保险报销的政策对接，推动病历跨医院、跨地区共享，目前京津冀地区近2600家定点医疗机构实现异地就医门诊费用直接结算。第三，就业与社会保障方面，关键是要建设涵盖各类社会保障信息的统一平台。2018年，北京、天津、河北三地人力资源和社会保障部门在河北雄安签署《京津冀工伤保险工作合作框架协议》②，推进京津冀地区人社一体化。第四，文化旅游方面，推动京津冀公共文化服务、群众文化活动、演出艺术发展等领域实现资源互通共享。自协同发展以来，京津冀已经先后成立了京津冀图书馆联盟等协作平台，联合举办了多场旅游表演活动。第五，加快推进2022年北京冬奥会冬残奥会筹办工作，配套设施、服务保障、疫情防控等工作已经进入最后尾声阶段。第六，对口帮扶方面，加大对受援地区的帮扶力度，帮助贫困县尽快脱贫，目前，京津19个区对口帮扶河北省张家口、承德、保定28个县（区）已全部脱贫摘帽，累计实施帮扶项目757个，帮助8.1万名贫困人口就地就近就业③。

---

① 北京市发展和改革委员会：《京津冀协同发展重大国家战略实施五周年成效》，北京市人民政府门户网站，2019年2月25日，http：//www.beijing.gov.cn/ywdt/zwzt/jjjyth/zxxxi/201902/t20190225_1819365.html。

② 北京市人力资源和社会保障局：《京津冀携手推进人力社保一体化》，北京市人力资源和社会保障局官网，2018年7月20日，http：//rsj.beijing.gov.cn/xwsl/mtgz/201912/t20191206_924709.html。

③ 北京市发展和改革委员会：《京津冀三地协同办在中关村论坛（科博会）联合举办京津冀协同发展成效展》，北京市人民政府门户网站，2021年9月28日，http：//fgw.beijing.gov.cn/gzdt/fgzs/tpxw/202109/t20210928_2503783.htm。

第四节　北京建设世界级城市群的战略管理过程

本节结合上文中关于战略管理过程的理论、方法和工具,对北京建设世界级城市群的环境分析、战略目标确定、战略方案选择、战略实施的管理过程进行具体分析。

一、北京建设世界级城市群的战略发起

早在 3000 多年前,北京地区就出现了早期的城市。金代建都北京后,北京的战略地位进一步提升。历经元、明、清的发展,北京正式成为集政治、经济、文化于一体的首善之区,人口超过 200 万人。新中国成立后,将北京定为首都。从 1949 年到 1973 年间,北京先后开展了五次总体规划的编制,北京也从一片战乱的景象步入了以重化工业为主导的工业化阶段。改革开放以后,北京城市发展的若干问题开始凸显,城市规模扩大、用水短缺、环境污染、土地紧张等一系列问题的出现,使得北京建设工业城市的定位受到质疑。1982 年,北京市规划委员会编制《北京城市建设总体规划方案》,取消了对北京"经济中心"的提法,明确北京的定位为全国的政治中心和文化中心。1990 年,以亚运会的举办为契机,北京对外开放的水平进一步提高。为适应对外开放的需要,1993 年编制的《北京城市总体规划(1991—2010)》首次在规划中突出了北京城市的国际功能,提出建设全方位对外开放的现代化国际城市的目标。

2014 年,习近平总书记在视察北京时,首次明确了北京政治中心、文化中心、国际交往中心和科技创新中心"四个中心"的首都城市战略定位。随着北京城市功能定位的明确,北京的产业布局不断向现代服务业为主导的第三产业靠拢,2019 年第三产业比重已达到 83.5%。为了适应首都现代化建设的需要,《北京城市总体规划(2016 年—2035 年)》进一步明确提出了要将北京建设成为国际一流的和谐宜居之都和构建以首都为核心的京津冀世界级城市群体系。北京"十四五"规划中也提出到 2035 年,要建成"'一核'辐射带动作用明显,城市副中心初步建成的国际一流的和谐宜居现代化城区,推动京津冀世界级城市群构

架基本形成"①。

二、北京建设世界级城市群的环境分析

运用SWOT分析工具,对北京建设世界城市面临的权威网络、内部能力、外部需求及财政支持等方面进行分析,以明确北京建设世界城市已具备的条件和仍面临的挑战,为决策制定提供依据(如表7-2所示)。

表7-2　　　　　　　北京建设世界城市的SWOT分析

外部机会(O)	外部威胁(T)	内部优势(S)	内部劣势(W)
● 2020年,中国有效应对新冠肺炎疫情,经济正增长2.3%,从而成为全球唯一实现正增长的主要经济体。 ● 定位于"四个中心"落实首都城市战略定位,圆满完成多项重大活动服务保障任务,首都功能持续优化提升。 ● 2020年,中国GDP总量达14.7万亿美元,继续位居世界第二位。 ● 推动京津冀协同发展取得明显成效	● 在亚太地区,北京面临着同东京、首尔、新加坡等争夺亚太制高点的竞争。 ● 面临着上海、广州、深圳等城市的竞争和挑战。 ● 与长三角、粤港澳相比,京津冀对北京建设世界城市所发挥的腹地支撑作用要相对薄弱。 ● 城市扩张带来了诸如资源紧张、环境污染、居住拥挤等城市病	● 北京的总部经济和金融中心迅速成长。 ● 高科技的引领优势大大提高了北京的知识创新能力和科技研发能力。 ● 教育资源和人力资本的雄厚基础为北京发展提供了人才资源	● 在稳定性、医疗保健、文化和环境、教育和基础设施方面与世界其他都市圈还有很大差距。 ● 科技创新动能不足,社会治理问题依然存在。 ● 水资源短缺问题突出

(一) 外部机会

第一,2019年末一场新冠肺炎疫情袭来,给全球经济造成了巨大的冲击,导致全年下降4.4%,其中,美国、欧元区、日本分别下降3.9%、7.4%和5.3%,中国由于有效的防控措施,2020年经济正增长2.3%,从而成为全球唯一实现正增长的主要经济体。② 第二,深入实施北京"十四五"规划,定位于"四个中心"落实首都城市战略定位,圆满完成新中

---

① 《北京市国民经济和社会发展第十四个五年规划和二〇三五年远景目标纲要》,中国人口出版社2021年版。
② 资料来源:《全球经济展望报告》,世界经济合作组织,2020年12月。

国成立70周年庆祝活动、"一带一路"国际合作高峰论坛、中非合作论坛北京峰会、世界园艺博览会等重大活动服务保障任务，首都功能持续优化提升。第三，2020年，中国GDP总量达14.7万亿美元，继续位居世界第二位，仅次于美国，超过英国、法国、德国、日本四国之和。同时，中美差距进一步缩小，中国GDP总量占美国的百分比为70.3%，首次突破了70%。① 第四，推动京津冀协同发展取得明显成效。北京全力支持河北雄安新区建设，自2017年与河北省签订战略合作协议以来，在协同创新、公共服务等方面取得实质进展；此外，高水平规划建设北京城市副中心，2019年北京市级行政中心迁入，标志着城市副中心行政办公区的启用，河北雄安新区和北京城市副中心成为北京的新两翼，为北京走向世界级城市群提供了良好的发展机遇。

（二）外部威胁

从外部威胁来看，第一，在亚太地区，北京面临着同东京和新加坡争夺亚太制高点的竞争。东京在20世纪就已成为世界城市，是第二次世界大战后崛起的国际金融中心。新加坡是亚太地区的国际金融中心。北京建设世界级城市群，争夺国际金融中心是题中之义。对于北京而言，这无疑面临着巨大的挑战。第二，在国内，面临着上海、广州、深圳等城市的竞争和挑战。上海依托于已经成熟的长三角都市圈在经济活跃度、商业繁荣度、交通便捷度、区域联系度②、吸引跨国企业总部、科技创新力量上都与北京存在激烈竞争，成为北京建设世界级城市群的强力竞争者。第三，与长三角都市圈、粤港澳都市圈相比，京津冀对北京建设世界级城市群所发挥的腹地支撑作用要相对薄弱。除北京、天津两个超级大城市以外，次级城市发展缓慢，且区域内产业分工定位不清晰，再加上京津冀交通基础设施的发展未同步跟上，难以形成集聚力量支撑北京发展。第四，城市扩张的威胁。北京未来的发展中，必然要在规模上继续扩张。人口总量、经济增长、城市空间都会不断扩张。但是，有限的土地、资源和空间要承载这种扩张的需求，如果疏解非首都功能的战略不能取得良好的效果，将会成为北京建设世界级城市群的硬约束。

---

① 资料来源：国家统计局、外汇交易中心、美国商务部经济分析局。
② 戴德梁行：《2019中国都市圈发展报告（附下载）》，互联网数据资讯网，2020年3月30日，http://www.199it.com/archives/1023960.html。

（三）内部优势

第一，北京的总部经济和金融中心迅速成长。2019年，北京地区生产总值达35371.3亿元，其中第三产业贡献率达87.8%，人均生产总值为164220元，约等于2011年地区生产总值和人均生产总值的两倍，货物进出口总值达28677.2亿元，外商直接投资项目达1636个。[①] 第二，北京高科技的引领优势。在科研项目上，根据《北京统计年鉴2020》，2019年研究与试验发展（R&D）经费内部支出达2233.6亿元，相当于地区生产总值的6.31%，专利申请量达226113件，专利授权量达131716件。另外，为推进"国际科技创新中心"建设，北京制定了《北京加强全国科技创新中心建设重点任务2020年工作方案》，加快推进"三城一区"科技平台建设，推进科技体制改革。以上各方面的成就和举措充分体现了北京强大的知识创新能力和科技研发能力。第三，教育资源和人力资本的雄厚基础。截至2019年，北京高等学校共59所，科研机构88所，硕博研究生达360621人，北京的高校科研人员和科研机构人员数量高居全国第一。

（四）内部劣势

第一，根据英国《经济学人》2021年宜居城市的排名，北京还未进入宜居城市之列，在稳定性、医疗保健、文化和环境、教育和基础设施方面与东京还差距很大，在2020年中国十佳宜居城市中也未见北京的身影。第二，科技创新动能不足，高科技领域"卡脖子"问题依然突出；社会治理问题还未完全解决，治理"大城市病"任重而道远，城乡之间的发展不平衡现象依旧存在。第三，北京水资源短缺，已成为北京城市发展的迫切问题。根据2020年《北京水资源公报》，北京自产水资源量仅25.76亿立方米，水资源的年人均占有量为118立方米，按国际标准，人均水资源占有量不足1000立方米属于重度缺水地区，按这一标准，北京已经成为极度缺水的城市。

三、北京建设世界级城市群的目标确定

根据国家发展改革委发布的《关于培育发展现代化都市圈的指导意

[①] 北京市统计局、国家统计局北京调查总队：《北京统计年鉴2020》，中国统计出版社2020年版。

见》，到 2022 年，都市圈同城化取得明显进展，基础设施一体化程度大幅提高，阻碍生产要素自由流动的行政壁垒和体制机制障碍基本消除，成本分担和利益共享机制更加完善，梯次形成若干空间结构清晰、城市功能互补、要素流动有序、产业分工协调、交通往来顺畅、公共服务均衡、环境和谐宜居的现代化都市圈。到 2035 年，现代化都市圈格局更加成熟，形成若干具有全球影响力的都市圈①。

北京"十四五"规划提出到 2025 年京津冀协同发展水平明显提升。疏解非首都功能取得更大成效，城市副中心框架基本成型，"轨道上的京津冀"畅通便捷，生态环境联防联控联治机制更加完善，区域创新链、产业链、供应链布局取得突破性进展，推动以首都为核心的世界级城市群主干构架基本形成。到 2035 年 "一核" 辐射带动作用明显增强，城市副中心初步建成国际一流的和谐宜居现代化城区，推动京津冀世界级城市群构架基本形成②。可以看出北京新一轮的发展目标是要最终建成世界级城市群，而不将目标仅仅定位在都市圈，这体现了北京在发展过程中的区域一体化思维以及更加注重自身的辐射功能。

四、北京建设世界级城市群的战略实施

（一）京津冀协同发展

2014 年，推进京津冀协同发展这一重大国家战略，国务院成立了京津冀协同发展领导小组，并相继成立了 10 个专项工作小组，为京津冀的对接会商提供了机构保障。同年，国务院成立京津冀协同发展专家咨询委员会，挂靠中国工程院，京津冀协同发展专家咨询委员会分为规划和交通小组、能源环境小组、首都功能定位与适当疏解小组和产业小组四个小组，共 16 名相关领域的专家，为京津冀协同发展提供智库支持。2015 年《京津冀协同发展纲要》颁布。2016 年，京津冀三地政府共同制定了《京津冀产业转移指南》。2017 年北京与河北省签订战略合作协议，加快产业支持对接和功能互补。

---

① 国家发展改革委：《关于培育发展现代化都市圈的指导意见》，发展改革委网站，2019 年 2 月 21 日，http://www.gov.cn/xinwen/2019-02/21/content_5367465.htm。
② 《北京市国民经济和社会发展第十四个五年规划和二〇三五年远景目标纲要》，中国人口出版社 2021 年版。

（二）打造北京城市副中心

2012年在北京市第十一次党代会上，北京市委、市政府明确提出"聚焦通州战略，打造功能完备的城市副中心"，明确了通州作为城市副中心的定位，这也是北京市为建设有中国特色的世界城市，提升区域发展水平的一个重大战略决策。2018年3月29日，北京市人大常务委员会听取和审议了《北京城市副中心控制性详细规划（草案）》。北京城市副中心控制性详细规划向社会公开，北京城市副中心作为北京新两翼的一翼，将着力打造成为国际一流的、新型城镇化示范区、京津冀区域协同发展示范区、和谐宜居之都示范区。2019年1月，《北京城市副中心控制性详细规划（街区层面）（2016年—2035年）》获批复，与雄安新区形成北京新的两翼。2019年1月11日，北京市级行政中心正式迁入北京城市副中心。北京"十四五"规划中也从生态、经济、文化、社会方面提出了北京城市副中心的规划建设建议，并明确要保证每年千亿元以上的投资力度。

（三）规划和建设雄安新区

2016年5月27日，习近平总书记听取了关于规划建设北京城市副中心和研究设立河北雄安新区的有关情况的汇报，他强调了北京城市副中心和雄安新区作为北京新两翼的重要战略意义。2017年2月23日，习近平总书记到河北省安新县进行实地考察，主持召开河北雄安新区规划建设工作座谈会，他在会上指出，雄安新区是党中央批准的首都功能拓展区，其承担了疏解和承接北京非首都功能的重要职能，要严格审查入驻的企事业单位。①

2017年4月1日，中共中央、国务院印发通知，正式决定设立河北雄安新区。同年，设立了中国共产党河北雄安新区工作委员会、河北雄安新区管理委员会，归属中共河北省委、河北省人民政府。2018年4月，中共中央、国务院批复了《河北雄安新区规划纲要》，其建设目标为到2035年，基本建成绿色低碳、信息智能、宜居宜业、具有较强竞争力和影响力、人与自然和谐共生的高水平社会主义现代化城市；到21世纪中叶，全面建成高质量高水平的社会主义现代化城市，成为京津冀世界级城市群

---

① 张旭东等：《奋进新时代 建设雄安城——以习近平同志为核心的党中央谋划指导〈河北雄安新区规划纲要〉编制纪实》，载《新华社》2018年4月26日。

的重要一极。①。12月,经党中央、国务院同意,国务院正式批复《河北雄安新区总体规划(2018—2035年)》。2019年1月24日,《中共中央国务院关于支持河北雄安新区全面深化改革和扩大开放的指导意见》发布。5月7日,雄安新区征迁安置工作正式启动实施。8月30日,中国(河北)自由贸易试验区正式揭牌,雄安新区设中国(河北)自由贸易试验区雄安片区。

  从以上案例分析来看,北京市政府在综合国内国际发展环境的基础上,准确地把握了北京发展的战略机遇期,从系统观、历史观、国际观、创新观和科学观的视角,适时地提出了建设世界级城市群的战略目标。围绕这一战略目标的实现,北京市政府采取各项举措,努力推动京津冀区域间合作,推动区域经济腹地的建设,组织专家学者围绕世界城市的课题进行专门研究,并根据战略规划目标构建了评价体系。这一系列举措充分体现了中央及北京市决策层的战略智慧和发展谋略,为北京抓住新一轮世界科技革命带来的战略机遇,谋求长远发展的主动权,形成可持续的竞争优势奠定了坚实的基础。

---

① 中共河北省委、河北省人民政府:《河北雄安新区规划纲要》,中国雄安官网,2018年4月21日,http://www.xiongan.gov.cn/2018-04/21/c_129855813.htm。

第八章

研究结论与展望

本书研究内容是基于全球范围内地方政府治理的挑战和中国地方政府管理的实际提出的,以我国所处的社会转型期为背景,以地方政府战略管理活动为研究对象,综合运用比较分析、实证分析、理论构建和案例分析的研究方法,对我国地方政府战略管理的特殊性、现状、战略管理的理念、结构和过程进行了系统分析和研究,初步构建了中国地方政府战略管理的创新模式。文章的主要结论及研究展望如下。

第一节 主要结论

在战略管理的公私比较和中外比较的基础上,分析了我国地方政府战略管理的特殊性。政府与企业战略管理的差异主要体现在权威网络、运营方式和服务对象等方面。政府面临的权威网络包括权力机关、政治团体、其他政府及部门、社会公众、大众传媒等,无论从广泛性还是影响力来看,政府面临的权威网络压力要远远高于企业;在运行方式上,政府的战略目标与企业相比更模糊,且相互冲突。政府的资金来源主要靠本级财政收入和上级拨款,企业则是自主经营、自负盈亏,资金来源靠市场需求决定而不是政治因素。政府的组织结构保持了官僚组织体制的特点,企业组织结构相比政府更加灵活和富有效率。政府绩效衡量相比企业难以量化,没有明确的衡量标准;从服务对象来看,政府所要应对的公众需求和承担的社会责任都要高于私人组织。中外政府战略管理的影响因素主要包括政治体制、层级间政府关系以及政府职能。我国地方政府正处于经济体制、社会结构和政治体制的转型时期,战略管理的环境相比西方发达国家更为复杂和动荡。转型期的特殊背景,使我国地方政府战略管理过程面临着效率与公平的价值取舍、上层与基层的意愿冲突、短期与长远的利益矛盾、民主行政与科学管理的逻辑冲突等多重挑战。

通过构建我国地方政府战略管理的评价指标，运用层次分析法和灰色关联度分析法对我国31个省份的战略管理水平进行了现状分析。对评价结果进行综合分析得出结论，排名靠前的高关联度省份一般分布在东部沿海地区，中等和低等关联度的省份大多集中在中西部地区。这说明地方政府的战略管理水平与经济发展水平和地区开放程度存在一定的相关性，但并不是绝对的。从总体来看，我国省、市、县、乡在内的地方政府的战略管理水平都还有很大的提高空间，即使有些省份的排名较靠前，但仍然需要更加系统、科学和规范的战略管理理论的指导。

从政府战略管理的价值取向、地方领导的战略思维、战略议题管理的张力观及利益相关者分析的多元人性假设论述了中国地方政府战略管理创新模式的价值理念。政府战略管理虽然兴起于遵循管理主义研究途径的"新公共管理"运动，但它同时将"公共价值"和"政治因素"纳入考虑范围，注重多元利益的平衡，强调政治回应和政治责任，在战略管理的每个环节都以实现公共价值为根本。地方政府领导者在战略管理中需要培养和重塑五种战略思维，即系统观、历史观、国际观、科学观和创新观。在战略议题管理中，地方政府领导者要将战略管理置于张力场中思考，避免忽视对立力量中的一极或多极，尽可能平衡各种合理需求。具备议题分析的张力观可以使战略管理者从一些琐碎的细节中脱离开来，去关注对全局发展更具关键意义的战略性问题。如何识别和调和战略管理中的张力，考验着政府领导者的战略管理能力。在利益相关者分析中，以多元人假设为前提。多元人假设是指对应于公共利益的"公共人"，对应于集团利益的"团体人"和对应于个体利益的"自利人"。在政府战略管理过程中，政府行政人员究竟是公共人、团体人还是自利人，取决于既定的制度环境、权力分配的方式以及三种利益之间的博弈和动态变化。

根据环境情况和协作的方向，对我国地方政府战略管理的问题进行了类型学划分，主要包括重大社会事件类问题、基础设施供给问题、重大经济、政治事件类问题和跨行政区协作治理问题，它们分别对应于动荡环境下的外部治理结构、常规环境下的外部治理结构、动荡环境下的内部治理结构和常规环境下的内部治理结构。地方政府战略管理的外部治理结构是指地方政府与外部多元参与主体之间的互动关系和协同结构，主要体现为政府、市场、社会三者之间的制度安排。由政府、非营利组织、企业、社会公众构成的外部治理结构，强调以政府为中心，各种社会力量在政府的监督和约束下分工协作、有序参与，呈现的是一种"多中心集聚式"的治理结构，但对应于不同环境下的战略问题，三者之间的结构安排也存在差异。地方政府战略管理的内部治理结构包括中央与地方的权限划分以及地方政府间的纵横关系。在我国单一制的组织结构下，中央政府及上级政府设定的制度框架决定了地方治理的空间和过程。地方政府的行政结构在纵向上的排列与衔接，体现了政府间行政上的领导关系、法律上的监督关系和地域上的包含关系，反映了各级政府间的隶属关系、体制关系、权限关系和职能关系。这种关系不仅反映在上下级地方政府之间，也反映在上下级政府部门的关系中。我国地方政府战略管理的内部治理结构应呈现为从中央向地方纵向分权以及各政府间横向协同的特点。

地方政府战略管理过程是一个包含战略分析、战略制定、战略实施和战略评价的闭路循环。战略管理过程首先从战略分析开始，它包括战略发起、明确法律法规以及使命和价值陈述等方面。其中，战略环境分析、使命陈述、目标设置是战略分析环节的关键内容。本书从可能性战略观的视角，在对公共需求层次进行划分的基础上，讨论了地方政府战略管理的使命陈述和战略目标设置方法。战略制定过程可以看作从一系列战略方案中进行评估和选择的过程，经过评估后的选择可能成为组织执行的战略方案。本书详细讨论了战略制定的程序、可能性状态下战略方案选择的标准、原则和方法，并提出了战略制定过程中的利益相关者评估和资源评估的方法和分析工具。战略实施是将已制定的战略转化为实际行动的重要步骤，也是满足利益相关者需求、创造公共价值的关键环节。在常规环境下，战略实施可以按照已制定好的战略方案开展活动，但遇到环境变化或上级训令改变时，就需要对已有的方案进行调整，甚至放弃已有的方案，采取与环境相协调的战略行动。因此，要保证战略计划在实施中得到有效落实，需要政府领导者、管理者以及战略规划者进行持续的思考、行动和学习，根据环境的变化，调整政府在战略管理中的角色定位，并将战略程序贯穿到子单位及职能部门。战略评价是对已经完成的战略性规划、计划、政策的目的、执行过程、效益、作用和影响所进行的系统客观的分析。本书重点阐述地方政府战略后评价中的战略结果评价。以地方国民经济和社会发展五年规划的结果评价为例，对地方五年规划战略评价的原则、组织机制、评价内容、评价方法和评价结构的运用进行详细阐释。需要特别说明的是，地方政府战略管理的四个阶段只是一个理论上的划分，实际的战略管理中并不存在界限清晰的多个阶段，也不存在运转有序的完整管理过程，有时程序并不一定从战略分析开始，评价也并不等在战略的结尾才开展。因此，战略管理从哪里开始，目标在哪里形成都没有固定的形式，一切都以环境的变化而确定。地方政府战略管理者在战略实施过程中要时刻审视环境的动态变化，并据此对战略目标、实施路径、资源配置等做出相应的调整，保证战略管理顺利开展。

第二节　研究局限与展望

本书主要呈现了笔者博士三年学习期间的积累和思考，在比较和实证分析的基础上，从价值理念、治理结构和管理过程三个方面初步构建了我国地方政府战略管理的理论模式，并尝试提出了一些创新性的概念和观点，初步达到了研究的预设目标。但是，由于时间和研究条件等方面的限制，本书的研究还存在一些不足，这些局限和不足也是进一步研究的努力方向。

第一，将研究主题进一步聚焦到特定区域和层级的地方政府。本书的研究只是从理论构建的视角讨论了包括省、市、县、乡政府在内的泛指意义上的地方政府战略管理。实际上，在中国广饶的国土面积上，不同地区、不同层级的地方政府战略管理存在很大的差异，分析这些差异，并选择现实中亟须进行理论探索的主题开展进一步的研究。

第二，进一步完善地方政府战略管理的评价指标体系。由于数据收集和研究精力的限制，本书构建的地方政府战略管理评价指标体系还相对简化。下一步研究中，需要进行深度访谈和调研，对政府战略管理中的影响因素进行实证研究，尽可能全面系统地构建一套更加完善的评价指标体系。

第三，从地方政府战略管理的现实情况出发，具体分析不同层级地方政府开展战略管理的现实条件。由于我国地方政府在发展水平、历史传统、资源禀赋、地理位置、自然环境等方面存在巨大差异，由此可以假设地方政府开展战略管理的条件也存在差异。将某一层级的地方政府按照一定的标准进行分类，分别讨论不同类型地方政府开展战略管理的限制性条件，从而为有针对性地改善地方政府战略管理的状况提供理论依据。

参考文献

[1] [法] 孟德斯鸠：《论法的精神》（上册），张雁深译，商务印书馆 1961 年版。

[2] [美] 艾尔弗雷德·D. 钱德勒：《战略与结构：美国工商企业成长的若干篇章》，孟昕译，云南人民出版社 2002 年版。

[3] [美] 安索夫：《新公司战略》，曹德骏等译，西南财经大学出版社 2009 年版。

[4] [美] 奥斯本、盖布勒：《改革政府：企业家精神如何改革着公共部门》，周敦仁等译，上海译文出版社 2006 年版。

[5] [美] 保罗·R. 尼文：《政府及非营利组织平衡计分卡》，胡玉明等译，中国财政经济出版社 2004 年版。

[6] [美] 彼得·德鲁克：《管理实践》，毛忠明等译，上海译文出版社 1999 年版。

[7] [美] 戴维·奥斯本、彼得·普拉斯特里克：《再造政府》，谭功荣等译，中国人民大学出版社 2010 年版。

[8] [美] 登哈特：《新公共服务：服务，而不是掌舵》，丁煌译，中国人民大学出版社 2010 年版。

[9] [美] 弗里蒙特·卡斯特、詹姆斯·罗森茨威格：《组织与管理》，李柱流等译，中国社会科学出版社 1985 年版。

[10] [美] 盖伊·彼得斯：《公共政策工具：对公共管理工具的评价》，顾建光译，中国人民大学出版社 2007 年版。

[11] [美] 盖伊·彼得斯：《美国的公共政策：承诺与执行》，顾丽梅等译，复旦大学出版社 2008 年版。

[12] [美] 盖伊·彼得斯：《政府未来的治理模式》，吴爱明等译，中国人民大学出版社 2001 年版。

[13] [美] 海因茨·韦里克：《卓越管理：通过目标管理达到最佳绩效》，李平等译，成都电讯工程学院出版社 1988 年版。

[14][美]杰伊·D.怀特、盖·B.亚当斯:《公共行政研究:对理论与实践的反思》,刘亚平等译,清华大学出版社2005年版。

[15][美]劳伦斯·纽曼:《社会研究方法:定性和定量的取向》,郝大海译,中国人民大学出版社2007年版。

[16][美]里格斯:《行政生态学》,金耀基译,商务印书馆1978年版。

[17][美]罗伯特·达尔:《论民主》,李风华译,中国人民大学出版社2012年版。

[18][美]马克·莫尔:《创造公共价值:政府战略管理》,清华大学出版社2003年版。

[19][美]迈克尔·波特:《竞争战略》,陈小悦译,华夏出版社2005年版。

[20][美]迈克尔·波特:《竞争优势》,陈小悦译,华夏出版社1997年版。

[21][美]迈克尔·罗斯金等:《政治科学》(第6版),林震等译,华夏出版社2001年版。

[22][加]明茨伯格、阿尔斯特兰德、兰佩尔:《战略历程》(修订版),魏江译,机械工业出版社2006年版。

[23][美]罗伯特·金·默顿:《论理论社会学》,何凡兴等译,华夏出版社1990年版。

[24][美]纳特、巴可夫:《公共和第三部门组织的战略管理:领导手册》,陈振明等译,中国人民大学出版社2001年版。

[25][美]欧文·E.休斯:《公共管理导论》,彭和平等译,中国人民大学出版社2001年版。

[26][美]乔伊斯:《公共服务战略管理》,张文礼、王达梅译,清华大学出版社2008年版。

[27][美]萨瓦斯:《民营化与公司部门的伙伴关系》,周志忍译,中国人民大学出版社2002年版。

[28][美]沙因:《组织心理学》,余凯成等译,经济管理出版社1957年版。

[29][美]托马斯·戴伊:《理解公共政策》(第十一版),孙彩虹译,北京大学出版社2008年版。

[30][美]肖纳·L.布朗、凯瑟琳·M.艾森哈特:《边缘竞争》,吴溪译,机械工业出版社2001年版。

[31]［美］约翰·布赖森：《公共与非营利组织战略规划：增强并保持组织成就的行动指南》，孙春霞译，北京大学出版社 2010 年版。

[32]［英］达霖·格里姆赛、［澳］莫文·K. 刘易斯：《公司合作伙伴关系：基础设施供给和项目融资的全球革命》，济邦咨询公司译，中国人民大学出版社 2007 年版。

[33]［英］格里·约翰逊、凯万·斯科尔斯：《战略管理》，王军等译，人民邮电出版社 2004 年版。

[34] 艾晓金：《中央与地方关系的再思考：从国家权力看我国国家结构形式》，载《浙江社会科学》2001 年第 1 期。

[35] 曹堂哲：《西方 30 年来公共部门战略管理研究的总体特征——主题、学科和方法的定性与定量分析》，载《中国行政管理》2011 年第 2 期。

[36] 曹宪强、赵宁：《危机管理中多元参与主体的权责机制分析》，载《中国行政管理》2004 年第 7 期。

[37] 曹正汉：《中国地方政府的战略转型：从经营企业转向经营辖区——对萧山地方政府的个案研究》，载《佛山科学技术学院学报》（社会科学版）2012 年第 1 期。

[38] 查有梁：《什么是模式论?》，载《社会科学研究》1994 年第 2 期。

[39] 陈庆云、曾军荣、鄞益奋：《比较利益人：公共管理研究的一种人性假设》，载《中国行政管理》2005 年第 6 期。

[40] 陈永章：《公共人——一种基于公共行政的人性假设》，载《云南行政学院学报》2008 年第 4 期。

[41] 陈振明：《公共部门战略管理途径的特征、过程和作用》，载《厦门大学学报》（哲学社会科学版）2004 年第 3 期。

[42] 陈振明：《公共管理需要新的战略思维——评〈公共和第三部门组织的战略管理〉》，载《中国人民大学学报》2001 年第 6 期。

[43] 陈振明：《公共管理与战略思维——公共部门战略管理的学科框架》，载《中国工商管理研究》2006 年第 4 期。

[44] 陈振明：《战略管理的实施与公共价值的创造——评穆尔的〈创造公共价值：政府中的战略管理〉》，载《东南学术》2006 年第 2 期。

[45] 崔萍、杜明翠：《从世界城市规划看未来城市发展趋势》，载《数据》2011 年第 1 期。

[46] 邓龙：《公共部门的战略管理》，载《时代经贸》（学术版）2007 年第 5 期。

[47] 丁煌：《西方行政学说史》，武汉大学出版社2004年版。

[48] 段国旭：《公共财政战略管理未来发展探讨》，载《经济研究参考》2004年第57期。

[49] 段国旭：《公共财政战略管理研究》，载《经济研究参考》2003年第54期。

[50] 段培君：《战略思维：理论和方法》，中共中央党校出版社2011年版。

[51] 方振邦、鲍春雷：《战略导向的政府绩效管理：动因、模式及特点》，载《兰州学刊》2010年第5期。

[52] 方振邦、罗海元：《战略性绩效管理》（第三版），中国人民大学出版社2010年版。

[53] 方振邦、鲍春雷：《战略导向的政府绩效管理：动因、模式及特点》，载《兰州学刊》2010年第5期。

[54] 冯媛媛：《公共部门战略管理理论的合理创新研究》，载《改革与战略》2011年第7期。

[55] 顾建光：《当代中国经济政策聚焦》，商务印书馆2011年版。

[56] 国家发改委宏观经济研究院课题组：《公共服务供给中各级政府事权财权划分问题研究》，载《经济研究参考》2005年第25期。

[57] 郭熙保、黄国庆：《试论都市圈概念及其界定标准》，载《当代财经》2006年第6期。

[58] 何修良：《浅谈地方政府战略管理模式的选择》，载《甘肃行政学院学报》2006年第4期。

[59] 胡光宇：《战略定量研究基础——预测与决策》，清华大学出版社2010年版。

[60] 黄国琴：《公共部门战略管理的起因及特点》，载《中共乐山市委党校学报》2003年第2期。

[61] 金观涛：《控制论与科学方法论》，新星出版社2005年版。

[62] 金元浦：《北京：走向世界城市》，北京科学技术出版社2010年版。

[63] 金元浦：《建设世界城市：北京的挑战、优势与机遇》，北京文化论坛，2010年7月。

[64] 黎尔平：《公共行政中的社会正义》，载《行政论坛》2008年第4期。

[65] 李昌瑞：《政府间网络治理：垂直管理部门与地方政府间关系研究》，复旦大学出版社 2012 年版。

[66] 李军鹏：《论公共需求与供给：公共行政研究的基本主题》，载《天津行政学院学报》2001 年第 1 期。

[67] 李文星：《地方政府战略管理》，四川人民出版社 2003 年版。

[68] 李垣、王龙伟、谢恩：《动态环境下组织资源对战略变化的影响研究》，载《管理学报》2004 年第 1 期。

[69] 李允杰、丘昌泰：《政策执行与评估》，北京大学出版社 2008 年版。

[70] 李强：《当代中国社会分层》，生活·读书·新知三联书店 2019 年版。

[71] 刘淇：《全力推动首都科学发展为建设中国特色世界城市而努力奋斗——在中国共产党北京市第十一次代表大会上的报告》，载《北京支部生活》2012 年第 7 期。

[72] 刘伟：《政策议程创建过程的主体分析》，载《广东行政学院学报》2010 年第 6 期。

[73] 麻宝斌：《中国公共行政改革面临的十重困境》，载《吉林大学社会科学学报》2005 年第 1 期。

[74] 马斌：《政府间关系：权力配置与地方治理》，浙江大学出版社 2009 年版。

[75] 马骏、郭巍青：《公共管理：新的研究方向》，载《武汉大学学报》2002 年第 1 期。

[76] 倪星、杨芳：《试论新时期中国公共部门战略管理能力的提升》，载《武汉大学学报》（哲学社会科学版）2006 年第 1 期。

[77] 彭和平、竹立家等：《国外公共行政理论精选》，中共中央党校出版社 1997 年版。

[78] 齐心、张佰瑞、赵继敏：《北京世界城市指标体系的构建与测评》，载《城市发展研究》2011 年第 4 期。

[79] 石杰琳：《中西方政府体制比较研究》，人民出版社 2011 年版。

[80] 苏曦凌、贾丹：《基于平衡计分卡的公共部门战略管理》，载《齐齐哈尔大学学报》（哲学社会科学版）2006 年第 1 期。

[81] 屠启宇：《谋划中国的世界城市：面向 21 世纪中叶的上海发展战略研究》，上海三联书店 2008 年版。

[82] 汪波：《政治学基本人性假设的再探讨》，载《浙江社会科学》

2006年第7期。

[83] 汪大海：《试论公共部门战略管理的十大误区》，载《中国行政管理》2004年第6期。

[84] 王爱国：《高技术企业战略管理模式的创新研究》，山东人民出版社2009年版。

[85] 王超、佘廉：《社会重大突发事件的预警管理模式研究》，载《武汉理工大学学报》（社会科学版）2005年第1期。

[86] 王金华：《试论我国公务员激励机制的完善》，载《云南行政学院学报》2005年第3期。

[87] 王群峰：《政府部门战略绩效管理模式构建》，载《商业时代》2008年第13期。

[88] 王子平、冯百侠、徐静珍：《资源论》，河北科学技术出版社2001年版。

[89] 吴金群：《行政人是"经济人"还是"公共人"：事实与价值之间》，载《探索》2003年第5期。

[90] 谢庆奎：《当代中国政府与政治》，高等教育出版社2003年版。

[91] 邢乐勤、顾艳芳：《中国利益集团政治参与的特点分析》，载《浙江学刊》2010年第2期。

[92] 徐有守：《美国合作联邦主义论》，商务印书馆（台湾）1972年版。

[93] 徐越倩、马斌：《地方治理的理论体系及中国的分析路径》，载《浙江省委党校学报》2008年第5期。

[94] 薛澜、李宇环：《走向国家治理现代化的政府职能转变：系统思维与改革取向》，载《政治学研究》2014年第5期。

[95] 薛澜、彭宗超、张强：《公共管理与中国发展——公共管理学科发展的回顾与前瞻》，载《管理世界》2002年第2期。

[96] 薛澜、张强、钟开斌：《危机管理：转型期中国面临的挑战》，清华大学出版社2003年版。

[97] 薛澜、钟开斌：《突发公共事件分类、分级与分期：应急体制的管理基础》，载《中国行政管理》2005年第2期。

[98] 鄢一龙、王亚华：《经济社会发展规划实施评估方法》，载《经济研究参考》2009年第50期。

[99] 杨开忠、李国平：《持续首都——北京新世纪发展战略》，北京

理工大学出版社1998年版。

［100］杨启国：《领导干部战略思维能力培养》，中国人事出版社2011年版。

［101］杨雪冬：《近30年中国地方政府的改革与变化：治理的视角》，载《社会科学》2008年第12期。

［102］杨雪冬：《中国地方政府创新：特定和问题》，载《甘肃行政学院学报》2007年第4期。

［103］尧浩根：《三阶段战略转换及其对行政组织变革的启示》，载《中山大学研究生学刊》（社会科学版）2007年第1期。

［104］于常有：《战略人力资源管理在公共部门中的应用》，载《行政论坛》2009年第4期。

［105］于鹏：《公私部门战略管理影响机制的比较研究》，载《中国行政管理》2011年第5期。

［106］余钟夫：《北京建设世界城市的背景及面临的挑战》，载《城市管理与科技》2010年第2期。

［107］俞可平：《全球治理引论》，载《马克思主义与现实》2002年第1期。

［108］俞可平：《治理与善治》，社会科学文献出版社2004年版。

［109］俞可平：《中国地方政府的改革与创新》，载《经济社会体制比较》2003年第4期。

［110］曾峻：《公共管理新论——体系、价值与工具》，人民出版社2006年版。

［111］曾峻：《试论政府职能转变与市场质量的关系》，载《社会科学》2000年第4期。

［112］曾峻：《议行合一论》，载《学习月刊》1995年第7期。

［113］曾维和：《当代西方国家公共服务组织结构变革》，中国社会科学出版社2010年版。

［114］曾宪植：《世界城市与全球城市区域：北京世界城市的区域经济合作》，知识产权出版社2012年版。

［115］张钢、张守华：《公共部门战略管理研究的主题和方法——地方政府战略管理国际学术研讨会综述》，载《浙江社会科学》2005年第2期。

［116］张国庆：《行政管理学概论》（第2版），北京大学出版社2000年版。

[117] 张建涛：《建国初期中共强大政治动员能力原因探析》，载《改革与开放》2010 年第 3 期。

[118] 张紧跟：《当代中国政府间关系导论》，社会科学文献出版社 2009 年版。

[119] 张立荣：《中外行政制度比较》，商务印书馆 2002 年版。

[120] 赵景华、李宇环：《公共战略管理的价值取向与分析模式》，载《中国行政管理》2011 年第 12 期。

[121] 赵景华、李宇环：《公共战略学的学科构建与发展趋势》，载《中国行政管理》2010 年第 8 期。

[122] 赵景华、李宇环：《基于主体功能区规划的地方政府绩效评价指标体系研究——以北京市为例》，第六届中国管理学年会——公共管理分会场，2011 年 9 月。

[123] 赵景华、邢华：《政府战略管理的 SWOT 模型：一个概念框架》，载《中国行政管理》2010 年第 5 期。

[124] 赵景华、李代民：《政府战略管理三角模型评析与创新》，载《中国行政管理》2009 年第 6 期。

[125] 郑健艇：《论公私部门战略管理的差异及其借鉴意义》，载《中共福建省委党校学报》2003 年第 8 期。

[126] 仲崇盛、管淑侠：《论社会正义实现的政府管理途径》，载《中国行政管理》2009 年第 8 期。

[127] 周敬伟：《构建具有中国特色的公共战略管理的思考》，载《生产力研究》2007 年第 8 期。

[128] 周黎安：《转型中的地方政府：官员激励与治理》，上海人民出版社 2008 年版。

[129] 周晓丽：《灾害性公共危机治理》，社会科学文献出版社 2008 年版。

[130] 周志忍：《我国政府绩效管理研究的回顾与反思》，载《公共行政评论》2009 年第 1 期。

[131] 朱国伟：《论公共行政战略的理性精神———种三维理性范式观》，载《华中科技大学学报》（社会科学版）2010 年第 5 期。

[132] 卓越：《比较政府与政治》，中国人民大学出版社 2004 年版。

[133] Thompson A. and A. J. StricklandIII, *Strategic Management：Concept and Cases*（10th edition）. New York：McGraw – Hill, 1998.

[134] J. B. Barney, Firm Resources and Sustainable Competitive Advantage. *Journal of Management*, Vol. 17, 1991, pp. 99 – 120.

[135] Barry Bozeman and Jeffrey D. Straussman, *Public Management Strategies*. San Francisco: Jossey – Bass Publishers, 1990.

[136] Barzelay M. , *The New Public Management*: *Improving Research and Policy Dialogue*. Berkeley: University of California Press, 2001.

[137] Berman E. M. and West J. P. , Productivity Enhancement Efforts in Public and Nonprofit Organizations. *Public Productivity and Management Review*, Vol. 22, 1997, pp. 207 – 219.

[138] Berry F. S. , Innovation in Public Management: The Adoption of State Strategic Planning. *Public Administration Review*, Vol. 54, 1994, pp. 322 – 329.

[139] Berry F. S. and Wechsler B. , State Agencies' Experience with Strategic Planning: Findings from a National Survey. *Public Administration Review*, Vol. 55, 1995, pp. 159 – 167.

[140] Bill Jenkins, Strategic Planning and Management in Local Government. *Public Administration*, Vol. 77, No. 3, 1999, pp. 679 – 680.

[141] Boschken H. L. , Organizational Performance and Multiple Constituencies. *Public Administration Review*, Vol. 54, No. 3, 1994, pp. 308 – 312.

[142] Bryson J. M. , *Strategickk Planning and Nonprofit Organization*. San Francisco: Jossey – Bass, 1995.

[143] Bryson J. M. and Roering W. D. , *Mobilizing innovation efforts*: *the case of governments strategic planning*, New York: Ballinger, 1989.

[144] Bryson J. M. , *Strategic Planning for Public and Nonprofit Organizations*: *A Guide to Strengthening and Sustaining Organizational Achievement*. San Francisco: Jossey – Bass, 1988.

[145] David and Van Slyke, Strategic Management for Local Government Leaders: Planning for the Future. *Nation's Cities Weekly*, Vol. 32, No. 5, 2009, pp. 5 – 8.

[146] Duncan W. J. , Ginter P. M. and Kreidel W. K. , A Sense of Direction in Public Organizations: an Analysis of Mission Statements in State Health Departments. *Administration and Society*, Vol. 26, No. 1, 1994, pp. 11 – 27.

[147] Dutton J. E. , Frost P. , Worline M. , Kanov J. and Lilius J. ,

Leading in Times of Trauma. *Harvard Business Review*, Vol. 80, No. 1, 2002, pp. 76 – 90.

[148] Eadie D. C., Putting a Powerful Tool to Practical Use: the Application of Strategic Planning in the Public Sector. *Public Administration Review*, Vol. 43, No. 5, 1983, pp. 447 – 452.

[149] Franklin A., Serving the Public Interest? Federal Experiences with Participation in Strategic Planning. *The American Review of Public Administration*, Vol. 31, No. 2, 2001, pp. 126 – 138.

[150] Gerald L. Gordon, *Strategic Planning for Local Government*. DC Wasington: International City/County Management Association, 1994.

[151] Halachmi A., Hardy W. P. and Rhoades B. L., Demographic Data and Strategic Analysis. *Public Administration Quarterly*, Vol. 17, No. 2, 1993, pp. 159 – 174.

[152] Hinton B. L. and Rertz H. J., *Groups and Organizations: Analysis of Social Behavior*. Belmont, Calif: Wadsworth, 1974.

[153] Johnson G., Melin L. and Whittington R., Micro Strategy and Strategizing: Toward an Activity-Based View. *Journal of Management Studies*, Vol. 40, No. 1, 2003, pp. 1 – 17.

[154] Jean Gottman, Megalopolis, or the Urbanization of the Northeastern Seaboard. *Economic Geography*, Vol. 33, No. 3, 1957.

[155] Ken Simpson and Phil Bretherton, Reconciling Expert Advice and Community Opinion in a Local Government Strategic Planning Process. *International Journal of Public Administration*, Vol. 33, No. 2, 2010, pp. 73 – 80.

[156] Kooiman Jan, *Modern Government: New Government-Society Interactions*. London: Sage, 1993.

[157] L. Kloot and J. Martin, Strategic Performance Management: Balanced Approach to Performance Management Issues in Local Government. *Management Accounting Research*, Vol. 11, No. 2, 2000, pp. 231 – 251.

[158] Martin Wiseman, The Ecology of Strategic Management in Small Local Governments. *Public Administration Quarterly*, Vol. 17, No. 2, 1993, pp. 127 – 144.

[159] Mike and Berry, Local Government HR Gets Professional and Strategic. *Personnel Today*, 2007.

[160] Mintzberg H., Ahlstrand B. and Lampel J., Stategy Safari: A Guided Tour Through the Wilds of Strategic Management. *Mangement*, Vol. 48, No. 11, 1998.

[161] Mintzberg H., Patters in Strategy Formulation. *Management Science*, Vol. 24, 1978, pp. 934 – 948.

[162] Mitchell R. K., Agle B. R. and Wood D. J., Toward A Theory of Stakeholder Identification and Salience: Defining the Principle of Who and What Really Counts. *The Academy of Management Review*, Vol. 22, No. 1, Oct 1997, pp. 853 – 886.

[163] Murray J. G., Stategic Procurement in UK Local Government: the Role of Elected Members. *Journal of Public Procurement*, Vol. 7, No. 2, 2007, pp. 194 – 212.

[164] Nutt P. C. and Backoff R. W., *Strategic Management of Public and Third Sector Organization*. San Francisco, CA: Jossey – Bass, 1992.

[165] Nutt P. C. and Backoff R. W., Transforming Public Organizations with Strategic Management and Strategic Leadership. *Journal of Management*, Vol. 19, No. 2, 1993, pp. 299 – 347.

[166] Olsen J. B. and Eadie D. C., *The Game Plan: Governance with Foresight.* Washington, D. C.: Council of State Planning Agencies, 1982.

[167] Osborne Stephen and Nutley Sandra, *The Public Sector Management Handbook*. China HK: Longman, 1994.

[168] Peteraf M., The Cornerstone of Competitive Advantage: A Resource Based View. *Strategic Management Journal*, Vol. 14, No. 3, 1993, pp. 179 – 191.

[169] C. K Prahalad and G. Hamel, The Core Competence of the Corporation. *Harvard Business Review*, Vol. 5, No. 7, 1990, pp. 79 – 91.

[170] Rainey H. G. and Steinbauer P., Galloping Elephants: Developing Elements of a Theory of Effective Government Organization. *Journal of Public Administration Research and Theory*, Vol. 9, No. 1, 1999, pp. 1 – 32.

[171] Robert Backoff, Barton Wechsler and Crew Jr, The Challenge of Strategic Mangement in Local Government. *Public Administration Quarterly*, Vol. 17, No. 2, 1993, pp. 127 – 144.

[172] Robert S. Kaplan, David P. and Norton, *The Balanced Scorecard.*

Boston: Harvard Business School Press, 1996.

[173] Robert W. and Rider, Making Strategic Planning Work in Local Government. *Strategic Management in Public and Voluntary Services*, Vol. 16, No. 3, 1983, pp. 73 –81.

[174] Ron Sanchez, Preparing for An Uncertain Future: Managing Organizations for Strategic Flexibility. *International Studies of Management and Organizations*, Vol. 27, No. 2, 1997, pp. 71 –94.

[175] Ronald McGill, Planning for Strategic Performance in Local Government. *Long Range Planning*, Vol. 21, No. 5, 1988, pp. 77 –84.

[176] Scott and W. Richard, *Organizations: Ratinal, Natural, and Open Systems*. Englewood Cliffs, NJ: Prentice Hall, 1981.

[177] Stanley Gabis, Local Government and Strategic Choice. *Administrative Science Quarterly*, Vol. 15, No. 3, Sep 1970, pp. 386 –387.

[178] Steiss A. W. , *Stategic Management and Organizational Decisionmaking*. Lexington, MA: D. C. Heath, 1985.

[179] Wright and B. G. Peters, *Public Administration: Change and Redefinition*. Oxford: Oxford University Press, 1996.